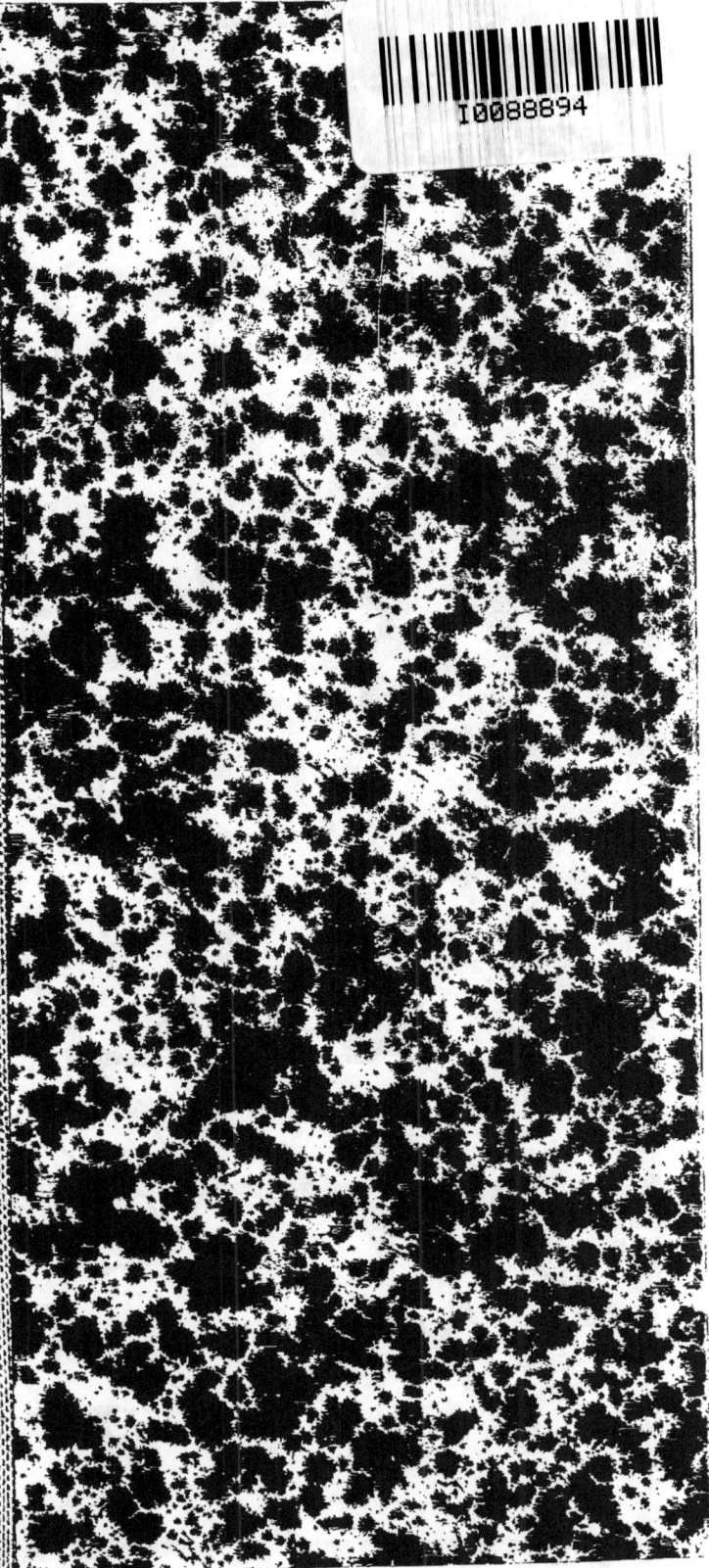

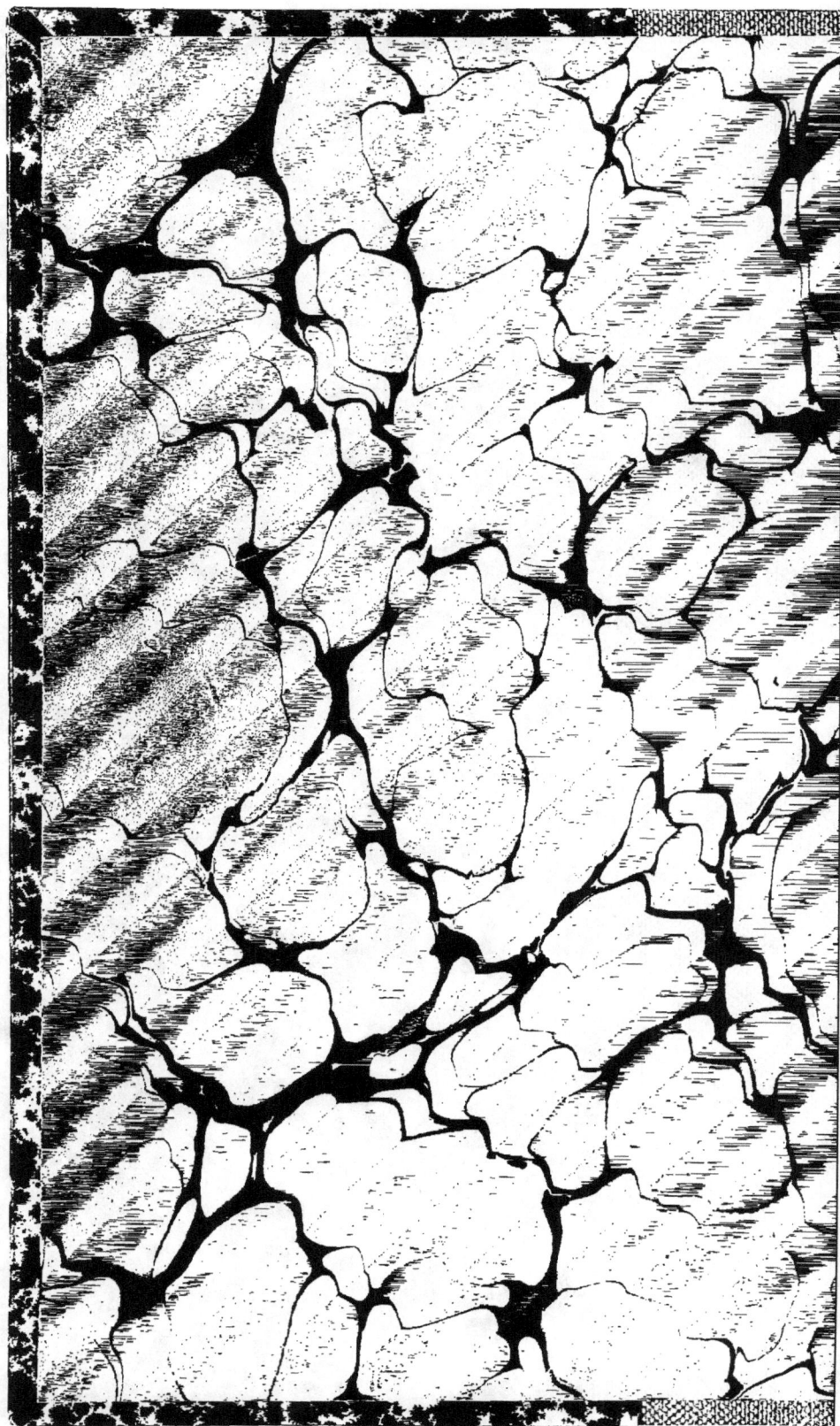

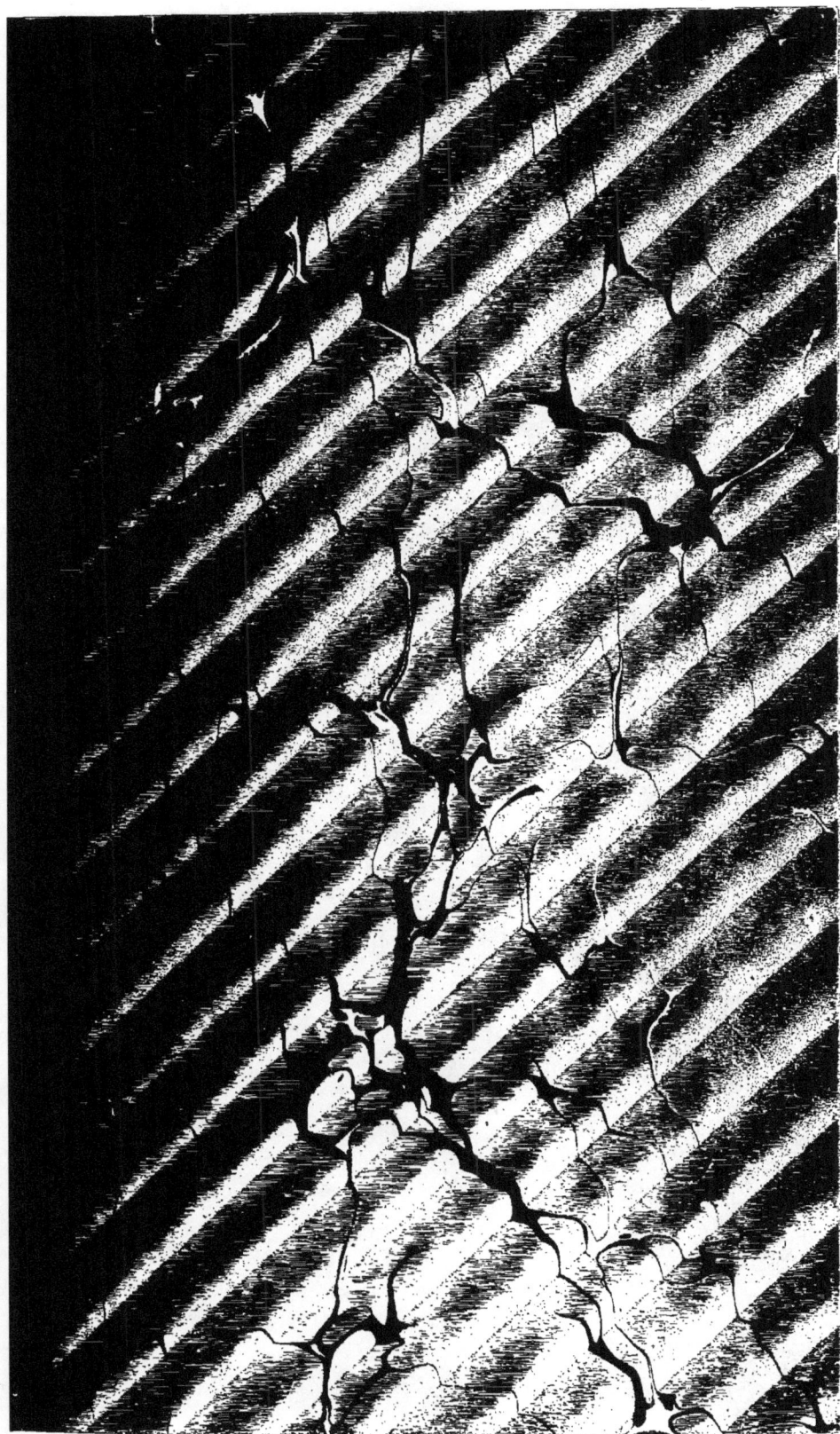

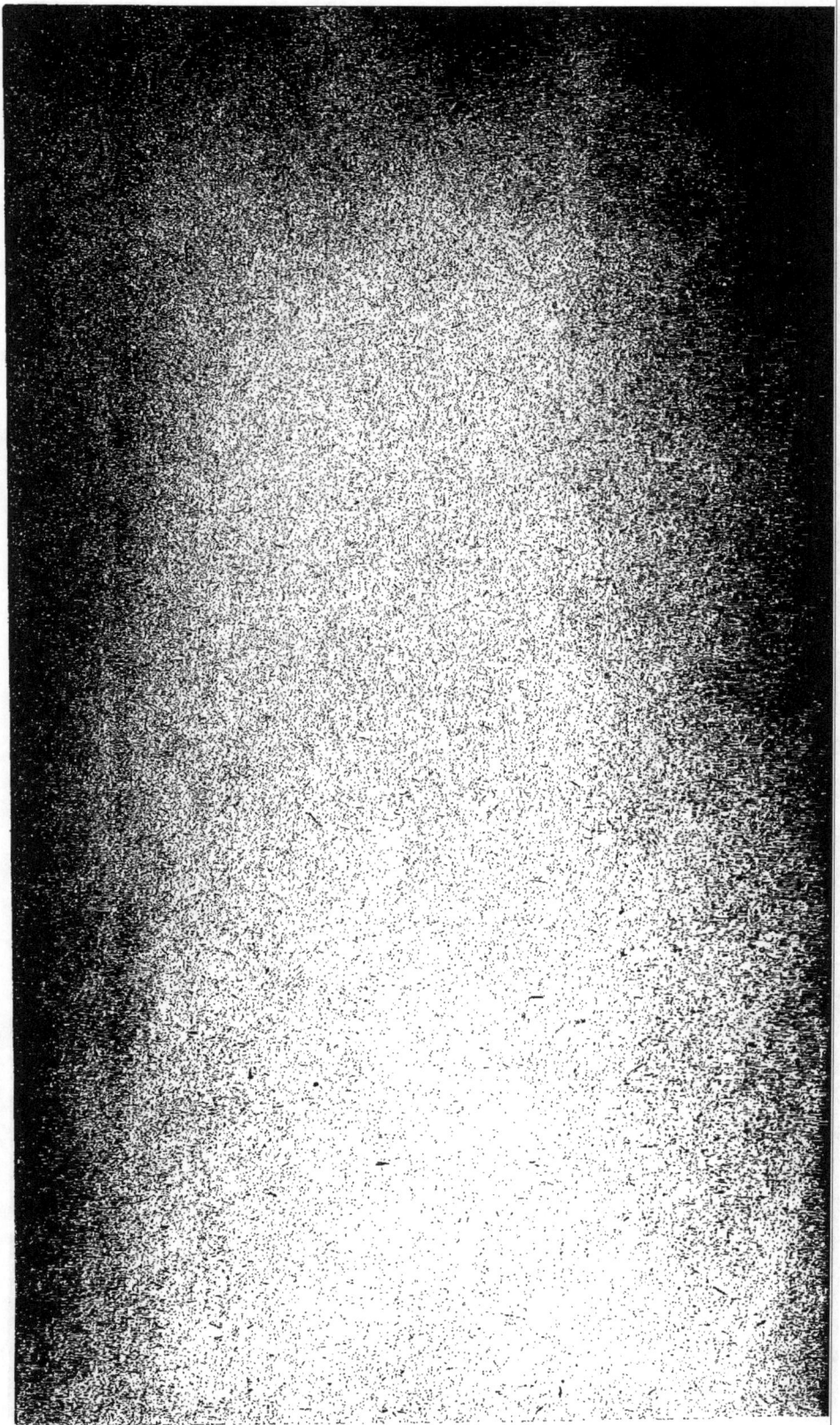

LES ŒUVRES D'ART

DE LA CONFRÉRIE

DE NOTRE-DAME DU PUY,

D'AMIENS,

Mémoire posthume de M. le Dʳ RIGOLLOT,

REVU ET TERMINÉ

PAR M. A. BREUIL,

Membre titulaire résidant de la Société des Antiquaires de Picardie.

AMIENS,

Imprimerie de Vᵉ HERMENT, place Périgord, nᵒ 3.

1858.

LES ŒUVRES D'ART

DE LA CONFRÉRIE

DE NOTRE-DAME DU PUY,

D'AMIENS,

Mémoire posthume de M. le D.r RIGOLLOT,

REVU ET TERMINÉ

Par M. A. BREUIL,

Membre titulaire résidant de la Société des Antiquaires de Picardie.

AMIENS,

Imprimerie Ve HERMENT, place Périgord, 3.

—

1858.

V

51566

(Extrait du tome XV des Mémoires de la Société des Antiquaires de Picardie.)

C.

LES ŒUVRES D'ART

DE LA CONFRÉRIE

DE NOTRE-DAME DU PUY, D'AMIENS.

~~~~~~~~~

AVERTISSEMENT.

Les Manuscrits de Pagés, appartenant à la Bibliothèque communale d'Amiens, renferment l'indication des œuvres d'art exécutées pour la Confrérie de Notre-Dame du Puy, et la description de la plupart de ces œuvres. Le Recueil de miniatures et de chants royaux, offert, en 1517, par la ville d'Amiens, à la mère de François Ier, et actuellement conservé parmi les manuscrits de la Bibliothèque impériale, sous le n° 6811, fournit de précieux renseignements à l'égard de 47 tableaux reproduits, ou plutôt imités par les miniatures. Enfin les notices de M. François Machart, qui font partie des manuscrits de M. Achille Machart (1), ajoutent au travail laissé par M. Pagés quelques utiles observations.

M. Rigollot, notre regretté collègue, a conçu l'heureuse

_____

(1) Bibliothèque d'Amiens.

pensée de mettre à profit ces divers documents, et d'en extraire, sous forme de catalogue chronologique, une histoire des œuvres d'art de la Confrérie du Puy. Il pouvait abréger sa tâche en se bornant à citer les textes mêmes du chroniqueur Amiénois : il a jugé plus convenable de leur faire subir un certain remaniement, dans l'intérêt du lecteur. Pagés, sans doute, est très-savant et très-judicieux, mais sa prose ne se distingue ni par la correction ni par l'élégance ; souvent, d'ailleurs, ses notes directement relatives aux œuvres d'art du Puy, se trouvant mêlées à des réflexions ou à des dissertations étrangères à ce sujet, ont besoin, pour se produire avec clarté, d'être dégagées de leur alliage. On doit donc, je le pense, savoir gré à M. Rigollot d'avoir rectifié la forme des textes de Pagès, sans en avoir altéré la substance.

Lorsque la mort vint le surprendre au milieu de ses chères études, notre collègue n'avait pas encore terminé son mémoire sur les œuvres d'art du Puy. L'introduction était complète, mais des lacunes assez nombreuses existaient dans le catalogue descriptif. La Société des Antiquaires de Picardie, dans les mémoires de laquelle j'ai publié l'*Histoire de la Confrérie*, m'a chargé de revoir et d'achever l'œuvre de M. Rigollot. Après avoir confronté son travail avec les textes de Pagès, j'ai pensé qu'il était bon de faciliter au lecteur la même confrontation, au moyen de notes de renvoi. Cette révision aride ne demandait que de la patience ; le plus difficile pour moi, c'était de suppléer les appréciations personnelles que M. Rigollot se proposait de joindre à la description des œuvres d'art encore existantes. Comme les papiers de notre collègue ne me fournissaient aucune note qui pût me guider dans cette partie de ma tâche, j'ai dû, pour l'accomplir, avoir recours au bon jugement de quelques artistes.

Avant M. Rigollot, M. Auguste Janvier avait songé à extraire des manuscrits de Pagès une histoire des œuvres d'art du Puy; les matériaux qu'il a rassemblés, et qu'il a complaisamment mis à ma disposition, m'ont été souvent fort utiles.

J'ai profité aussi des connaissances spéciales de M. Goze en matière héraldique. Il m'a aidé à compléter quelques armoiries imparfaitement données par Pagès, et m'en a fourni d'autres, que Pagès n'avait pas indiquées.

Le *Catalogue* est suivi de sept appendices. Les trois premiers ont un rapport direct avec l'histoire des œuvres d'art de la Confrérie du Puy; les quatre autres se rattachent à l'histoire générale de cette association, et rentrent dans la série de pièces justificatives qui forment le complément de l'ouvrage publié par moi dans le tome XIII des Mémoires de la Société des Antiquaires de Picardie.

L'appendice nᵒ 4 renferme une pièce dont l'original, conservé aux archives du département, est d'une lecture très-difficile. Notre collègue, M. Boca, est parvenu à déchiffrer ce curieux document et à nous en donner une copie complète. Ce n'est pas, du reste, le seul service que cet excellent paléographe ait rendu aux auteurs du présent mémoire, et je me plais ici à lui adresser de sincères remercîments.

Je remercie également M. l'abbé Martin, notre collègue, qui a bien voulu copier dans un imprimé, devenu très-

rare, le document qui forme la matière de l'appendice
n° 7.

La Société des Antiquaires de Picardie aurait voulu illustrer splendidement l'histoire *des œuvres d'art du Puy*, en y joignant un grand album qui eût offert le dessin de toutes les œuvres conservées, tableaux, statues, tombeaux, médailles, etc. ; mais plusieurs considérations, parmi lesquelles figure en première ligne celle des frais d'exécution, ne lui ont pas permis de réaliser actuellement son désir. Trois planches seulement, représentant les cadres et les tableaux de 1518, 1520 et 1521, accompagnent la publication du mémoire. M. Duthoit a dessiné ces merveilles de l'art avec la fidélité et le goût délicat qui caractérisent son talent.

En terminant cet *avertissement*, je dois faire une observation, sur laquelle j'appelle particulièrement l'attention. M. Rigollot emploie souvent la forme du *présent*, plus vive et plus commode que celle de l'*imparfait*, pour décrire, suivant les renseignements laissés par Pagés, les œuvres d'art, même celles qui n'existent plus. Le lecteur voudra bien se rappeler, pour éviter toute méprise, que toutes les fois qu'il s'agit d'une œuvre d'art encore existante, le catalogue mentionne *expressément* cette existence (1).

A. BREUIL.

(1) Un astérisque, placé à côté du chiffre de l'année de maîtrise, annoncera la mention d'une œuvre d'art actuellement conservée.

INTRODUCTION.

La confrérie de Notre-Dame du Puy , d'Amiens , nom-
mée aussi académie des Rhétoriciens, était une association
à la fois pieuse , littéraire et artistique. Cette association,
née à une époque déjà fort reculée , eut le mérite de réunir tout ce que la ville pouvait renfermer de personnes
éclairées , et d'exciter , d'entretenir chez elles le goût des
lettres et des beaux-arts. Grâce à la générosité des maîtres
du Puy , Amiens possédait au commencement du xviiie
siècle une collection de tableaux unique en son genre , et
la plus intéressante qu'il soit possible d'imaginer pour
l'histoire de la Peinture en France. Si cette collection
existait encore , elle nous ferait connaître d'une manière
certaine , et année par année , l'état et les progrès de la
peinture , depuis le milieu du xve siècle, sous le règne de
Charles VII , jusques après la seconde moitié du xviie,
c'est-à-dire pendant plus de deux cents ans.

Quoiqu'il ne reste malheureusement des richesses ras-
semblées par la Confrérie du Puy que de rares débris ,
j'ai pensé que l'énumération de ses tableaux et de ses
sculptures , l'indication des sujets qui s'y trouvaient traités, les renseignements conservés sur leur histoire, et les
circonstances de leur destruction, devaient offrir un assez
vif intérêt. J'ai donc entrepris de réunir dans cette *in-*

troduction, et dans le catalogue qui la suit, tout ce qu'il m'a été possible de savoir sur les œuvres d'art produites par la célèbre association amiénoise.

J'ai trouvé sur la collection de tableaux, dont la cathédrale fut longtemps dépositaire, des renseignements abondants et précieux dans une description de cet édifice écrite, au commencement du xviiie siècle, par un estimable bourgeois d'Amiens, nommé Jean Pagés (1). Cette description, œuvre d'un homme consciencieux, mais nullement connaisseur, laisse beaucoup à désirer. L'auteur, qui énumère les tableaux en suivant l'ordre des piliers et des chapelles où ils étaient attachés, se préoccupe plutôt du sujet et de la pensée religieuse que de l'exécution artistique; il estime particulièrement ceux dont la dorure jette le plus d'éclat (2). Remercions toutefois le bon Pagés d'avoir fait l'inventaire de cette collection,

(1) Les manuscrits de Pagés ont été déposés à la Bibliothèque communale d'Amiens en 1845.

(2) M. Rigollot se montre un peu sévère à l'égard de Pagés. L'auteur de la *Description de la cathédrale* possédait des connaissances très-variées. Il avait particulièrement étudié l'architecture, dont il emploie couramment les termes techniques. En peinture, Pagés n'est pas un connaisseur, nous le voulons bien, mais il aime cet art, et un sens droit le guide généralement dans ses appréciations. Il s'attache trop souvent à décrire des parties secondaires d'un tableau, au lieu de concentrer l'attention sur les principales; mais on voit, par les jugements portés sur des œuvres encore existantes, qu'il ne confond pas l'excellent et le bon avec le médiocre, et qu'il apprécie dans une peinture d'autres mérites que la vivacité des couleurs et l'éclat de la dorure.

A. Br.

et, surtout, de l'avoir fait dans un temps où les vieux tableaux, de même que nos églises gothiques et les plus belles productions de l'architecture du moyen-âge, ne rencontraient qu'indifférence ou dédain.

Il est reconnu que la Confrérie de Notre-Dame du Puy était établie à Amiens, au moins dès l'année 1389. A partir de cette époque jusqu'en 1755, on possède la liste des maîtres ou présidents, et l'on connaît la devise, en l'honneur de la Vierge, que chacun d'eux avait adoptée. Chaque année, cette devise, ou plutôt ce refrain donné par le maître en exercice, servait de sujet aux *chants royaux* composés par les Rhétoriciens à la louange de la Reine du Ciel. L'auteur du chant royal, qui, au jugement de la compagnie, avait remporté le prix, recevait une couronne d'argent, et les confrères le reconduisaient honorablement à son hôtel.

Au milieu du xv⁰ siècle, les anciens règlements furent renouvelés, et, dans une assemblée tenue par les membres de la Confrérie le 15 février 1451, il fut décidé que les peintres seraient également conviés à célébrer à leur manière les louanges de la sainte Vierge. Pour atteindre ce but, la devise choisie par le maître, et formant le refrain obligé des chants royaux du concours, dut, en même temps, servir de thème pour un tableau allégorique dont la Vierge était constamment le principal personnage. On y voyait presque toujours aussi le portrait du maître du Puy qui l'avait offert, et assez ordinairement les portraits des membres de sa famille et des personnes de qualité qu'il voulait honorer.

« Item , dit l'art. 10 des statuts de 1451 , fera faire le dict maistre présent , et conséquamment ses successeurs à venir , tableau où sera figuré le mistère approprié pour la feste et solemnité principale du dict Puy , qui sera mis au lieu accoustumé en l'église Cathédrale d'Amiens , le dict jour de Noël , pour y demeurer l'année ensiévant, en prenant et emportant le tabel de l'année précédente estant au dict lieu, par demandant congié et licence là où il appartient ; et , après le portement et raportement d'yceulx tableaux , le dict maistre sera tenu de faire mettre la table pour assembler les rhétoriciens et faire racorder les balades faictes sur le refrain baillié par le dict maistre pour le révérence du jour (1) , et donner pris en la manière accoustumée. »

On voit , par cet article des statuts , que le tableau offert à la Vierge du Puy et placé en cérémonie le jour de Noël , dans la cathédrale , y restait exposé durant une année , au terme de laquelle il faisait place au tableau du maître nouveau. Mais , le 9 janvier 1493 , il fut décidé que les tableaux demeureraient attachés aux piliers de la cathédrale (2), où la Confrérie avait fixé son siège en

(1) Voir sur les prix des ballades, et spécialement sur celui de la ballade de Noël , *la Confrérie du Puy*, par M. A. Breuil, dans les *Mémoires de la Société des Antiquaires de Picardie* , t. XIII , p. 498.

(2) « Item que le tableau présent et ceulx qui cy après seront mis en ladite église, demourront en icelle église, à les mettre es lieux à la dévocion de ceulx qui les auront faict faire, et du congié de Messieurs du Chapitre, sans les faire plus grands que cestui qui y est à présent, et de l'histoire plus honeste que sera possible ; lequel tableau sera rapporté et mis en ladite église , en dedens le jour

1488. En conséquence de cette décision , plusieurs tableaux , précédemment retirés par les maîtres du Puy , furent rapportés dans l'église.

C'est un fait digne de remarque qu'à Amiens, au milieu du xve siècle , une confrérie, formée en majeure partie de gens d'église et de bourgeois , ait fait exécuter chaque année un tableau en l'honneur de la Vierge. La dépense de cette exécution devait être assez lourde , et, pour que les maîtres l'acceptassent, il fallait que le goût des beaux-arts , et en particulier celui de la peinture fussent alors notablement développés chez nos ancêtres ; il fallait aussi qu'Amiens renfermât des artistes capables d'exécuter les tableaux d'une manière satisfaisante. La réunion de ces diverses conditions peut, à notre avis , s'expliquer par l'existence d'écoles florissantes de peinture dans une province limitrophe de la Picardie , dans la Flandre , alors gouvernée par des princes français , et qui n'était pas un pays étranger , comme elle le devint plus tard après une longue séparation.

Les frères Van-Eyck avaient, pendant la première moitié du xve siècle , doté de leurs chefs-d'œuvre les principales villes flamandes. Ils avaient créé un genre de peinture fondé sur l'imitation naïve et fidèle de la nature , imitation que toutes les intelligences pouvaient apprécier , et à laquelle ils avaient joint des procédés d'exécution qui donnaient à leurs ouvrages un éclat admirable , une durée in-

de Pasques , après que le maistre anchien aura levé son tableau le jour de Noël, pour donner lieu au nouveau , comme est coustume. » — Délibérations prises en 1493 , art. 2. — (Extrait de D. Grenier, 20e paquet , n° 2.)

définie. Jusque là on n'avait vu que des représentations vagues et indécises, sans caractère individuel, et ne reproduisant les traits d'aucun personnage d'une manière reconnaissable. Les yeux s'ouvrirent alors, comme en présence d'un jour inespéré, éclatant après une longue nuit, et chacun dut s'intéresser vivement à un art qui, abstraction faite du charme inhérent à ses compositions, fit reparaître le véritable portrait, celui où l'on se reconnaît, et où l'on retrouve l'image d'une personne chérie.

En 1451, époque où la Confrérie du Puy, en renouvelant ses statuts, y faisait entrer l'exécution annuelle et régulière d'un tableau, cinq ou six ans au plus s'étaient écoulés depuis la mort de l'illustre Jean Van-Eyck. Les nombreux élèves qu'il avait formés à Bruges durent se disperser, et quelques-uns vinrent probablement se fixer à Amiens. Les plus beaux tableaux qui nous restent, c'est-à-dire ceux de 1499, 1518, 1519, 1520, 1521, 1525, où l'on trouve un sentiment religieux si remarquable, des détails si nombreux et si délicats, un si frappant caractère de vérité dans les portraits, ces tableaux, disons-nous, ont eu pour auteurs, soit des artistes flamands, soit des disciples de ces artistes.

En 1517, François Ier étant venu à Amiens avec la duchesse d'Angoulème, sa mère, cette princesse prit tant de plaisir à entendre réciter les chants royaux rimés par les rhétoriciens, et, sans doute aussi, à voir les tableaux exposés dans la cathédrale, qu'elle désira posséder un recueil des poésies et un souvenir des peintures. Les magistrats municipaux d'Amiens firent donc exécuter du mieux qu'ils purent le manuscrit souhaité. Il est actuellement conservé à la Bibliothèque impériale sous le numéro 6811, et porte pour titre : *Miniatures anciennes en l'honneur de la Vierge*, ou mieux, *Chants royaux en l'honneur de la sainte Vierge, prononcés au Pui d'Amiens*. Ce manuscrit renferme 48 chants royaux et autant de grandes miniatures, d'abord peintes en grisaille, ou en blanc et noir, par un amiénois nommé Jacques Plastel, chargé de prendre copie des tableaux, puis mises en couleur par un enlumineur ou *historien* de Paris, appelé Jean Pinchon (1). Guy *le flameng*, autre enlumineur, demeurant à Amiens, fut chargé de dessiner et d'enluminer les grandes lettres des chants royaux. Ces grandes lettres, dont le dessin est très-varié, commencent chaque strophe.

Le manuscrit devait reproduire les images de 47 tableaux appartenant à la confrérie du Puy, et existant dans la cathédrale en 1517 ; pour frontispice, on lui réservait le portrait de la duchesse d'Angoulême, avec la cérémonie de la présentation du volume. Deux échevins en charge, Adrien de Monsures et Pierre de Louvel, se rendirent effectivement au château d'Amboise, où se trouvait la mère de François Ier, et lui offrirent solennellement le recueil qui leur avait été confié. Cette collection de miniatures, exécutée d'ailleurs avec un talent assez médiocre, nous semble due en grande partie à l'imagination de Jacques Plastel. Cet artiste aura trouvé plus commode de composer, comme il l'entendait, les images destinées à accompagner les chants royaux, que de copier

---

(1) On trouvera dans l'appendice n° 1, le détail des dépenses faites à l'occasion du manuscrit.

2.

avec exactitude les tableaux de la cathédrale. Rappelons aussi que Plastel faisait seulement des grisailles , et que la mise en couleur était confiée à un enlumineur parisien, qui ne pouvait avoir sous les yeux les originaux. Par suite de ces diverses circonstances, les miniatures paraissent avoir toutes un caractère uniforme et ne reproduisent pas la variété de composition et d'exécution que devaient offrir les tableaux de la cathédrale , ouvrages d'artistes nombreux , dont les dates diverses embrassaient un espace de 47 ans. (1) L'inexactitude de ces miniatures est d'ailleurs attestée d'une manière palpable. En effet , le Musée de la Société des Antiquaires de Picardie possède un tableau peint en 1499 , et ayant pour devise :

Arbre portant fruit d'éternelle vie.

Ce tableau , dans lequel on remarque le portrait du roi Louis XII , et qui est l'un de ceux que le manuscrit a la prétention de reproduire , renferme des détails bien plus nombreux que ceux offerts par la miniature. Sous le rapport de l'art , cette miniature incomplète ne donne du tableau qu'une idée fausse.

En résumé , le recueil de la Bibliothèque impériale ne peut que très-imparfaitement faire connaître l'état de la peinture à Amiens durant la seconde moitié du quinzième siècle et au commencement du seizième. Cependant il m'a fourni des indications précieuses sur le sujet des ta-

(1) Une uniformité du même genre existe dans les chants royaux : il semble qu'un même rimeur les ait composés. Ce qui est certain, c'est que 40 sols furent payés à un *rhétoricien* pour composer les chants royaux qui manquaient à plusieurs tableaux.

bleaux offerts par les maîtres du Puy , et il m'a été très-
utile pour la confection du catalogue.

Les maîtres continuèrent d'offrir chaque année de nou-
véaux tableaux , qui s'accrochaient successivement aux
murs et aux piliers de la cathédrale , et qui étaient de-
venus assez nombreux vers la dernière moitié du dix-sep-
tième siècle pour former dans cet édifice un véritable
encombrement. Un grand nombre , particulièrement les
plus anciens , étaient garnis de volets , souvent peints des
deux côtés, qui développaient le sujet du panneau central,
et représentaient quelquefois les donateurs. Ces volets,
servant à garantir de la poussière la composition principale, s'ouvraient les jours de fête ; ils avaient besoin
d'espace pour se déployer , et augmentaient ainsi l'encombrement causé par la multiplicité des tableaux.

En 1670 ou 1671 , on eut la malheureuse pensée , sous
prétexte qu'ils gênaient la vue , de détacher presque tous
les volets(1) et de les placer contre les murailles de plusieurs chapelles et dans d'autres endroits de la cathédrale.
Par cette manière d'agir , on diminua , on annula même
l'intérêt historique qui s'attachait à ces peintures accessoires, et, pour plusieurs, il devint difficile ou impossible
de retrouver leur date et le nom du maître donateur. (2)

(1) Au témoignage de Pagés, quelques-uns de ces volets étaient
très-beaux. Ceux du tableau de 1510 , qui représentent le sacre de
David et le sacre de Louis XII , sont conservés au musée de Cluny,
sous le n° 725.

(2) Cela fait comprendre comment Pagés indique le sujet de quelques peintures , qu'il nous a été impossible de rapporter à leurs do-

C'était là le prélude de la guerre faite plus tard à la précieuse collection des tableaux du Puy. Les intentions hostiles se manifestèrent en 1709 par le décrochement de quelques peintures, dont peut-être la place avait été mal choisie. Cet enlèvement partiel ne suffisait pas à certains chanoines ligués contre la Confrérie, et qui, depuis plusieurs années, voulaient faire disparaître de la cathédrale les tableaux, les sculptures et les œuvres d'art, auxquels cet édifice était redevable d'une partie de sa splendeur. Une occasion s'offrit de réaliser leur dessein : ils ne manquèrent pas de la saisir. En 1723, le Père de la Ferté, jésuite, devait prêcher le Carême dans la cathédrale. Il souffrait de la goutte, et, en examinant l'escalier de la chaire, il s'aperçut que cet escalier était difficile à monter, parce que la corniche du bas d'un tableau dépassait un peu le boudin du pilier contre lequel la chaire était posée. Il en fit l'observation à l'évêque et au chapitre. Les chanoines s'empressèrent de faire ôter le tableau dénoncé comme gênant, puis deux autres tableaux attachés au même pilier. A la suite d'une délibération du chapitre, l'œuvre de destruction commença, et un grand nombre d'ouvriers, envahissant la cathédrale, la dépouillèrent violemment des peintures et des sculptures dont elle était décorée. Les confrères du Puy s'avisèrent un peu trop tard de s'opposer à l'enlèvement de ces précieux monuments de la piété de leurs prédécesseurs, car l'acte de vandalisme durait déjà depuis trois jours, lorsqu'ils dé-

nateurs. Le nombre des tableaux du Puy conservés de son temps dans la cathédrale peut ainsi avoir été plus considérable que celui qui résulte de notre catalogue chronologique.

pulèrent à Beauvais, où Messieurs du Chapitre avaient
leurs causes commises. (1) Le député de la Confrérie rap-
porta à Amiens une requête répondue par M. le lieutenant-
général de Beauvais, par laquelle il était fait défense à
Messieurs du Chapitre d'aller plus loin, jusqu'à ce que
les parties fussent réglées en justice. Elle leur fut signifiée
sur-le-champ, et ils répondirent que le fait de l'enlèvement des tableaux regardait Mgr l'évêque, qui, seul, était
maître de la nef de l'église cathédrale. Les confrères du
Puy présentèrent une autre requête d'opposition à M. le
lieutenant-général d'Amiens, qui ordonna que les parties
viendraient par devant lui le lendemain pour être réglées.
Mgr l'évêque, à qui la seconde requête avait été signifiée,
appela de l'ordonnance. Cet appel arrêta tout court les
confrères. Alors, le Chapitre triomphant mit à la besogne,
le reste du jour et la nuit suivante, un si grand nombre
d'ouvriers, que le lendemain il ne restait plus un seul
tableau à décrocher.

Tel était l'état des choses le 20 février 1723. Dans la
nuit du 11 au 12 mars suivant, on fit disparaître toutes
les épitaphes et tous les monuments funéraires sculptés,
de moyenne grandeur, qui se trouvaient placés à l'extérieur des chapelles, contre leurs piliers ; et, comme ces
sculptures étaient solidement attachées avec des crampons
ou des barres de fer, on en brisa la majeure partie. Il

(1) Il y avait alors 27 ans que les causes du Chapitre étaient commises à Beauvais, par suite d'un conflit de juridiction qui avait eu
lieu entre lui et le Présidial d'Amiens, le Chapitre ayant détenu
dans la prison de la Barge un homme prétendu criminel, dont l'in-
nocence fut prouvée.

aurait fallu , pour les conserver entières , travailler plusieurs jours : on préféra les mutiler ou les détruire afin
d'abréger l'ouvrage. De nombreux débris furent pillés
par la populace !

Ces scènes de dévastation excitèrent naturellement la
verve des rimeurs amiénois. Citons quelques passages
d'une composition fort médiocre, conservée dans les manuscrits du temps :

> Quel démon, rempli de malice,
> Vient dépouiller dans un moment
> Ce saint et superbe édifice
> De tout son plus bel ornement !
> Avec quelle indigne furie
> Se déborde ici l'hérésie !
> Cette église défigurée
> Ne peut plus montrer en ce lieu
> Qu'une misérable mosquée,
> Et non le temple du vrai Dieu.
>
> Trop libérale Confrérie,
> Vos dons , vos vœux et vos présents
> A la glorieuse Marie
> Vont bientôt s'envoler aux vents ;
> On détruit , on pille, on ravage,
> On n'épargne pas une image,
> On arrache les écriteaux ,
> On trouble , malgré la nature ,
> Les morts dedans leur sépulture,
> En démolissant leurs tombeaux.
>
> Poursuis, Chapitre infatigable ,
> Achève ton impiété,
> Prends ce que laisse d'admirable
> La vénérable antiquité, etc.

Un rimeur composa aussi vingt et une stances, de quatre vers chacune, terminées toutes par un des mots du *Nunc dimittis*, auxquelles un avocat du Chapitre répondit sur les mêmes rimes. Voici les trois premières stances avec leur contre-partie. La Vierge est supposée s'adresser au Chapitre, dans l'œuvre de l'avocat de la Confrérie :

LA SAINTE VIERGE.	L'AVOCAT DU CHAPITRE.
As-tu pu sans aucune envie Oter les présents qu'on m'a faits ? Tu passeras pour un impie, Si, sans bruit, tu ne les remets *nunc*.	Avons-nous ôté par envie Les tableaux que l'on a défaits ? On ne peut passer pour impie, Lorsqu'en ôtant on les remet *nunc*.
D'une église fort embellie Tu veux ôter tous les tableaux, Et dans le temps que chacun crie, Insolemment, tu dis tout haut : *dimittis*.	L'église est bien plus embellie, Lorsqu'on ôte tous les tableaux, Et certainement chacun crie, En les voyant et dit tout haut : *dimittis*.
Quand on te donne un bénéfice, Est-ce donc pour en abuser ? En détruisant mon édifice, Sais-tu qu'on pourrait bien chasser *servum* ?	Quand on nous donne un bénéfice, Ce n'est pas pour en abuser, C'est pour prier dans l'édifice, Dont on ne voudrait pas chasser *servum*

Ce puéril verbiage, ces mauvaises rimes, ne pouvaient consoler les confrères du Puy ni de l'injure faite à leur compagnie, ni de la perte de leur collection. Une partie des tableaux périt dans le rapide et brutal enlèvement ; un certain nombre fut envoyé à diverses églises rurales du diocèse. Cinq des plus précieux, (1) par la délicatesse

(1) Ces tableaux sont décrits dans le catalogue sous les dates de 1518, 1519, 1520, 1521 et 1525. Un même artiste a peint les trois premiers, qui l'emportaient de beaucoup sur tous les tableaux de la collection par le mérite de l'exécution.

et le mérite de la peinture, ainsi que par la beauté singulière des cadres, échappèrent à la proscription générale;
ils furent mis à part et rélégués dans une chapelle assez
obscure, dite des *Machabées*, annexe de la cathédrale.
Pendant un siècle, ils y restèrent oubliés et cachés à
tous les regards. Là pourtant ne devait pas se terminer
leur histoire, et la partie de leurs aventures qui nous
reste à raconter n'est pas la moins bizarre. Quoique ces
tableaux, dans leur modeste asile, ne causassent aucune
gêne, Mgr de Bombelles, évêque d'Amiens, fit marché
avec un peintre en bâtiments pour les lui céder, en com-
pensation du badigeonnage de la chapelle. M. du Sommerard, qui se trouvait alors par hasard à Amiens, eut
connaissance de cet arrangement, et, au lieu de profiter
d'une si belle occasion pour enrichir son cabinet de monuments précieux, il fit loyalement des démarches qui
empêchèrent la réalisation du marché. Mais, à son retour à Paris, il appela l'attention de quelques personnes,
attachées à Madame la duchesse de Berry, sur le mérite
des tableaux et sur le peu de cas qu'on en faisait à l'é-
vêché.

Peu de temps après, en 1825, la princesse fit un voyage
de plaisir à Amiens. Elle était descendue au palais épiscopal. Il fut question des tableaux du Puy, qui, à cette
époque, avaient été enlevés de la chapelle des Machabées.
Au premier mot, l'évêque (c'était alors Mgr de Chabons)
s'empressa d'offrir ces tableaux à la duchesse, et le Chapitre en confirma promptement le don. Le talent des
habiles ouvriers qui avaient exécuté les stalles de la cathédrale, s'était déployé avec amour dans l'admirable

travail des cadres, surmontés d'aiguilles, de clochetons, de dentelures. Madame de Berry, heureusement, fut surtout frappée de ces délicatesses de sculpture ; elle prit les cadres et laissa les tableaux. Démontés, posés par terre dans un vestibule de l'évêché servant de passage à tous venants, où les enfants de chœur jouaient après vêpres, où s'exerçait aussi la Musique de la Garde nationale, ces tableaux subirent de cruels outrages, et les yeux de nombreuses figures furent méchamment percés, au grand regret des amis des arts. Tel était l'état des choses, lorsque la Société des Antiquaires de Picardie s'étant formée et ayant résolu de créer un Musée d'antiquités, désira naturellement placer dans ce dépôt les remarquables peintures que le sort semblait poursuivre de ses rigueurs. Quelques personnes avaient d'ailleurs pensé à former pour la ville une galerie de tableaux. Le vénérable évêque, Mgr de Chabons, à qui l'on demanda les tableaux du Puy, crut faire chose bonne et utile, en les accordant. Deux furent donnés au Musée d'archéologie, deux autres à M. Le Merchier, notre collègue, alors maire d'Amiens. Lorsque ces peintures se trouvèrent placées dans la grande salle de la Bibliothèque communale, les dégradations qu'elles avaient subies frappèrent tous les yeux, et l'on s'occupa de chercher un artiste habile qui pût leur restituer leur fraicheur primitive et réparer les injures du temps et des hommes ; on désira aussi faire exécuter des cadres dignes de ces peintures, quoique moins riches que ceux dont elles avaient été dépouillées. Pendant que la Société d'archéologie était paisiblement occupée de ces projets, Mgr Mioland, qui avait succédé

dans l'évêché d'Amiens à Mgr de Chabons, réclama les
tableaux, comme ayant été seulement prêtés par son pré-
décesseur. La Société, après avoir fait auprès de l'au-
torité administrative toutes les démarches possibles pour
les conserver, fut obligée de les rendre par décision mi-
nistérielle. L'insistance avec laquelle l'évêché les avait
réclamés prouvait que leur importance était enfin com-
prise. Nous devons dire que Mgr Mioland, mis en possession des tableaux restitués, les fit placer dans un
vestibule intérieur du palais épiscopal, en les réunissant
à quelques autres peintures d'une date moins ancienne,
et provenant également de la Confrérie du Puy. Dans
leur situation nouvelle, ces tableaux furent préservés des
outrages auxquels ils avaient été trop longtemps exposés
par suite d'une impardonnable incurie.

Ces précieux monuments de l'art français sont actuellement placés dans la cage de l'escalier de l'évêché (1).

Nous avons, plus haut, parlé des cadres donnés en
1825 à Mme la duchesse de Berry. Ils avaient été transpor-
tés par ses ordres au château de Rosny, et un artiste dis-
tingué les avait réparés en remplaçant plusieurs figu-
rines brisées ou volées. On jugera de la valeur de ces précieuses sculptures lorsqu'on saura que les cinq cadres ne
furent pas estimés moins de vingt mille francs, et que
leur restauration coûta à la princesse une somme de sept à

---

(1) Depuis que ces lignes ont été écrites par M. Rigollot, les tableaux du Puy ont subi un nouveau déplacement, qui n'a pu que
nuire à leur conservation ; on les a rétablis dans la chapelle des
Machabées, où ils sont actuellement (février 1858).

huit mille francs. Il est facile de comprendre les regrets
que dut nous inspirer la perte, jugée longtemps irrémé-
diable, de ces sculptures, datant des premières années
du xvie siècle, et aussi remarquables par le caractère de
leur style que par l'excessive délicatesse de l'exécution.
En 1847, on apprit que les cadres tant regrettés se trouvaient encore au château de Rosny, et nos collègues,
MM. Guerard et Dufour, eurent la pensée de s'adresser à
Mme la duchesse de Berry, pour la prier de vouloir bien
faire don de quelques cadres à la Société des Antiquaires
de Picardie. La princesse répondit gracieusement à cette
demande, et, en 1848, trois de ces précieux ouvrages
vinrent enrichir notre musée (1). Deux présentent un

(1) Voici la lettre écrite par Mme la duchesse de Berry, en réponse
à la demande faite par M. Guerard, président.

« 26 novembre 1847.

» MONSIEUR,

» J'avais fait préparer dans mon palais de Venise un emplacement
» pour y recevoir les cadres dont vous me parlez. J'y tenais non-
» seulement comme monuments d'art, mais surtout parce que c'était
» un don fait par des Français, et que partout où se portent mes re-
» gards chez moi, je suis heureuse d'y retrouver la France. Cepen-
» dant je ne puis résister à la prière que vous m'adressez au nom
» de la Société que vous présidez si dignement. Je partagerai avec
» vous. Si les cadres sont au nombre de cinq, je vous donnerai la
» grosse part, ne m'en réservant que deux. S'il n'y en a que quatre,
» nous partagerons. Les cadres sont tout prêts à être placés. Je les
» avais fait restaurer avec beaucoup de soin. Que le sacrifice que je
» fais prouve bien à Amiens que je ne l'ai pas oubliée. Quant à vous,

modèle de ce que l'ornementation des édifices gothiques a jamais produit de plus fini et de plus élégant ; le troisième offre un très-curieux spécimen du style, alors nouveau, qu'employaient les architectes du cardinal Georges d'Amboise, et qui préludait à ce qu'on a appelé la Renaissance des Arts.

La Confrérie du Puy encourageait, comme on le voit, les divers arts du dessin. Outre les peintures et les sculptures en bois, elle offrait aussi des statues en marbre. Certaines statues furent même son propre ouvrage, comme cela arriva lorsque notre éminent sculpteur, Nicolas Blasset, fut, par deux fois, maître du Puy. Dans quelques circonstances, les confrères se réunissaient pour offrir en commun des monuments ou des ouvrages d'orfévrerie d'une grande valeur. Telle était, par exemple,

» Monsieur, je désire que vous y trouviez une marque particulière » de mon estime.

» *Croyez, Monsieur, à toute mon estime et affection.*

» Marie-Caroline. »

Outre la signature, Mᵐᵉ la duchesse de Berry a écrit de sa propre main les mots en italiques.

— Dans la séance tenue par la Société des Antiquaires de Picardie, le 9 novembre 1848, M. Charles Dufour annonça l'arrivée des cadres à Amiens. Notre zélé collègue, dans le mois d'octobre précédent, était allé à Rosny, en s'y faisant accompagner d'emballeurs de Paris. Plusieurs jours furent consacrés à l'opération de l'emballage, que la nature des objets rendait fort délicate. M. Dufour la surveilla dans ses moindres détails ; il accepta bravement tous les ennuis de son séjour dans un pauvre village qui n'offrait aucune resune belle statue de la Vierge , en argent , exécutée à la fin du xvᵉ siècle , sur le piédestal de laquelle se trouvaient représentées en émail les armoiries de vingt-huit maîtres du Puy (1).

En examinant le catalogue chronologique des tableaux ou des sculptures offerts à la Vierge , on verra que nous parlons toujours des œuvres , et presque jamais de leurs auteurs. Ces œuvres , en effet , sont presque toutes anonymes. Notre catalogue est , en quelque sorte , la contrepartie de certaines publications érudites , dans lesquelles on a rassemblé , en les extrayant d'archives ou de comptes de bâtiments , des noms de peintres , de sculpteurs, d'imagiers , de doreurs , sans qu'il soit possible d'être renseigné sur leurs œuvres et sur leur genre de talent. Ces hommes étaient-ils des artistes véritables ou de simples peintres en bâtiments , des statuaires ou des menuisiers , telle est la question qui reste sans réponse. L'incertitude où nous sommes sur leur valeur réelle tient à

source, et toutes les difficultés du transport des cadres de Rosny à Paris , et de là à Amiens.

La Société des Antiquaires, en votant des remerciments à Mᵐᵉ la duchesse de Berry, n'oublia ni les services rendus avec tant de dévouement par M. Dufour, ni les démarches faites avec un plein succès par M. Guerard et par M. Blin de Bourdon , qui avait bien voulu appuyer la demande des tableaux ; elle voulut que l'expression de sa reconnaissance envers ces Messieurs fût consignée au procès-verbal de la séance.

(1) Voir la *Confrérie du Puy*, par M. A. Breuil, tome xɪɪɪ des *Mém. de la Soc. des Antiq. de Picardie*, p. 515 et 516. Voir aussi l'appendice , nᵒ 3.

ce que l'artiste et l'artisan , l'homme de génie et le manœuvre , n'ont fait qu'un en France pendant tout le
moyen-âge et encore longtemps après. Nous devons , en
effet , descendre jusque vers la seconde moitié du xviiᵉ
siècle pour voir s'établir entre eux une distinction for-
melle , et il ne fallut pas moins pour l'obtenir que la
volonté du Roi , énergiquement secondée par de hautes
influences , qui favorisèrent la création d'une Académie
de peinture , contrairement aux prétentions des maîtres-
peintres et sculpteurs. (1)

Les peintres des xvᵉ et xviᵉ siècles , même les plus
renommés , ceux qui portaient le titre de peintres du Roi,
et qui étaient attachés à la cour , ne signaient pas leurs
œuvres. C'est grâce à des circonstances purement for-
tuites qu'on sait , par exemple , que les belles miniatures
d'un manuscrit conservé à la Bibliothèque impériale, sont
l'œuvre de Jean Fouquet , le dessinateur qui au xvᵉ siècle
fit le plus d'honneur à la France. Par suite aussi du
défaut de signature , les précieux portraits faits par les
Clouet ont été la plupart du temps attribués à Jean Hol-
bein. Cependant les noms qui viennent d'être cités ap-
partenaient à des peintres salariés par les princes et tenant
la première place parmi ceux qui se distinguaient dans
leur art.

Le nombre des artistes français qui vécurent au xvᵉ
siècle , et dont on a recueilli les noms , est d'ailleurs fort
restreint. Parmi eux se rencontre, à un rang fort hono-

(1) Le Comte de Laborde , *de la Renaissance des arts à la cour de
France* , p. xxviii.

rable, maître Colin d'Amiens. Vers 1482, le roi Louis xi
s'adressa à lui pour l'exécution d'un portrait qui devait
servir au mausolée que ce prince songeait à se faire élever.
Le nom de Colin d'Amiens est célébré par les poètes du
temps, et il est placé entre les noms des peintres les plus
connus. Très-probablement quelques-uns des tableaux
du Puy, décrits dans notre catalogue, sont son ouvrage :
mais comment les reconnaître ?

On trouve dans d'anciens comptes que lorsqu'il s'agit
en 1532 de restaurer à la hâte l'abbaye de Notre-Dame
de Boulogne, où devait avoir lieu l'entrevue de François Ier et du roi d'Angleterre, des maîtres et compagnons
peintres, mandés d'Amiens, furent employés pour cette
restauration. Ils s'appelaient Guillaume Laignel, Anthoine
de Monceau, Jehan Fluni ou Fleun, Jehan Rabache, Jehan Dubois et Jacques Sellières. Qui peut nous dire si
ces diverses personnes n'étaient pas simplement des peintres décorateurs ou en bâtiment ?

Aux noms qui viennent d'être cités, il faut ajouter celui
de Pierre Palette, qui, en 1522, *estoffa* et mit en couleur
les statues de *l'Invention du corps de saint Firmin*, conservées encore au pourtour du chœur de la cathédrale;
celui d'un peintre verrier, Debruyne, qui travaillait en
1503 (1). Peut-être parviendra-t-on à en découvrir quelques autres; en attendant qu'il soit possible de les rapporter aux tableaux de notre catalogue, force est de se
contenter des renseignements recueillis par nous sur une
collection unique dans l'histoire de l'art français. En les

(1) Dusevel, hist. d'Amiens, 2e éd. p. 310.

parcourant, le lecteur picard éprouvera sans doute comme nous un vif sentiment de reconnaissance pour les membres de la confrérie du Puy, pour ces hommes religieux, amis des lettres et des beaux-arts, qui, dans le noble but d'honorer la Vierge et de léguer à la postérité de pieuses peintures, s'imposaient des dépenses considérables. Payons-leur ici un tribut d'éloges et réparons l'ingratitude et l'ignorance de ceux qui, en 1723, ont méconnu la valeur de leurs offrandes.

CATALOGUE

DES

TABLEAUX ET AUTRES ŒUVRES D'ART

DE LA

CONFRÉRIE DE NOTRE-DAME DU PUY.

ANNÉE 1452.

Maître Simon PERTRISEL, marchand ou tavernier (1). — Devise :

Digne eschielle de terre où ciel l'adresse.

Le tableau de 1452, un des plus anciens de ceux qui se trouvaient à la cathédrale avant 1711, année où il en fut retiré, était petit, accompagné de peu d'ornements, mais fort bien peint. Il représentait la vision que Jacob eut en songe de l'échelle céleste ; on y voyait peintes les armes du donateur. Il portait d'azur, à trois perdrix d'or, deux en chef et une en pointe.

Simon Pertrisel fut échevin en 1481 et 1493.

1457.

Jacques JOUGLET :

Dame des cieux à ses servans propice. (2).

(1) Voir les *Manuscrits de Pagés*, tome 1er, 1er dialogue, p. 58.
(2) Cette devise appartient réellement aux maîtres de la confrérie. On voit, par une délibération du 25 mars 1457 (voir *la Confrérie du*

1458.

Jean Framery, procureur au siège du bailliage d'A-
miens.

Miroir de foi, d'amour et d'espérance.

Nous connaissons le tableau par la 47ᵉ miniature du
Ms. offert à la duchesse d'Angoulême. Cette miniature a
été reproduite avec ses couleurs dans la planche xxviii de
la neuvième série *des Arts au moyen-âge*, de feu M. du
Sommerard.

Au milieu d'un riche miroir de forme circulaire, la
vierge est agenouillée sur la terre et porte son enfant sur
ses genoux. Dans la bordure de ce miroir, on a représenté
en buste Jésus-Christ ou le Père Eternel, saint Jean-Baptiste, saint Jean l'évangéliste, saint Pierre et d'autres apôtres, en tout neuf personnages. Un pied, richement doré
et supporté par quatre animaux symboliques, soutient le
précieux emblême. A gauche du miroir, un concert d'anges; à droite, le donateur, représenté avec une robe brune
et une aumônière à sa ceinture.

1461.

Guy de Tallemas, procureur au bailliage.

Lampe rendant en ténèbres lumière.

Le tableau de ce maître forme le sujet de la 45ᵉ minia-

Puy, par M. A. Breuil, dans le tome xiii des *Mém. des Ant. de Picardie*, p. 616), que Jacques Jouglet ayant laissé *déchoir la feste*, tous
les maîtres, conformément aux statuts de 1451, l'avaient relevée et
faite à leurs dépens, et qu'ils avaient aussi en commun fait exécuter
le tableau de l'année.

ture du Ms. La vierge, placée debout dans une niche, au fond d'une église gothique, soutient une lampe, vers la lumière de laquelle l'enfant Jésus porte la main; le donateur est revêtu d'une robe bleuâtre, à reflets dorés.

1466.

Martin DAVENNES, cordonnier.

Scel royal ou Dieu prit forme humaine.

La première miniature du Ms. de la Bibliothèque impériale a pour sujet le tableau donné par Martin Davennes. — La sainte Vierge est représentée devant une tapisserie que soutiennent quatre anges, elle tient de la main gauche, sous l'enfant Jésus, une espèce de grand sceau où la devise est inscrite. Cette même devise est répétée sur une banderole tenue par le donateur, en costume laïque, et agenouillé dans le bas du tableau. Dans le haut se voient le Père Éternel et le Saint-Esprit.

1469.

LES MAITRES, au lieu du prieur de Saint-Martin.

Des chrétiens excellente bannière.

Jean Haste, prieur de Saint-Martin-aux-Jumeaux, refusa la maîtrise par ordre de son abbé; les maîtres, dit l'*Extrait* d'Antoine Mouret, (1) *firent la feste et le tabel.*

Ce tableau nous est connu par la 46° miniature du Ms.

(1) V. la *Confr. du Puy*, par M. A. Breuil; *Mém. de la S. des Antiq. de Picardie*, tome XIII, p. 616.

3*

de Paris. Quatre anges soutiennent une grande bannière sur laquelle la Vierge est peinte avec son enfant ; deux autres anges, suspendus dans les airs, la déploient. Derrière cette bannière on voit une foule nombreuse. Le fond du tableau représente une ville fortifiée. Le donateur porte une robe brune.

1470.

Jehan LE BARBIER, pastichier.

Harpe rendant souveraine harmonie.

Son tableau est imité dans la septième miniature du Ms. — La sainte Vierge, placée dans son appartement, entre deux anges, à la robe d'or, aux ailes d'or, aux cheveux d'or, tient une harpe de la main gauche et l'enfant Jésus de la main droite. Aux pieds de la Vierge, sont deux oiseaux, dont l'un paraît être un paon. Le donateur, en robe brune, est agenouillé sur le devant du tableau.

1471.

Jean DE BÉRY, écuyer, seigneur d'Essertaux.

Au pelican forest solacieuse.

Nous avons, pour apprécier le tableau de ce maître du Puy, la description de Pagés (1) et la 21ᵉ miniature du Ms. Voici d'abord ce qu'en dit Pagés : « On voit au milieu de ce petit tableau la représentation d'une forêt, sur le côté celle d'une ville ; plusieurs animaux sont peints proche de la forêt et sur les volets, avec une inscription relative à chaque animal, en qui on a cru trouver quelque rapport

(1) *Ms. de Pagés*, tome 1ᵉʳ, 2ᵉ dialogue, p. 32.

avec les qualités de la sainte Vierge, qui est peinte en pied proche de la forêt. »

Dans la miniature, la vierge est placée avec son enfant devant une forêt occupée par des bûcherons, et dans le voisinage de laquelle des tentes sont dressées. Dans un nid, posé devant la Vierge, on voit trois jeunes oiseaux se tournant vers leur mère qui arrive en volant ; deux autres beaux oiseaux, les mêmes que ceux de la miniature de 1470, ornent le tableau. Le donateur, en robe noire, est agenouillé devant un prie-Dieu.

Suivant Pagés, la peinture de la cathédrale le représentait vêtu d'une robe de maïeur, avec l'écu de ses armes. Il portait d'argent, à la feuille de scie posée en fasce, les dents en haut, accompagnée de trois têtes de lévriers de même, accolés d'or, deux en chef et une en pointe. Ces armes sont bien celles de la famille de Béry, connue sous le nom d'Essertaux. Deux de ses membres, Mille et Guillaume, ont plusieurs fois occupé la charge de maïeur de 1417 à 1470 ; quant à Jean de Béry, il n'a point été maïeur ; il était receveur des rentes de la ville en 1421.

1472.

Pierre BOULON (mort en exercice).

Lune prenant du vrai soleil lumière.

Dans le compte de 1504, rendu par Jehan Dardre, prévôt de la confrérie (1) on lit au chapitre des recettes :

(1) *Comptes* de 1502-1503-1504, rendus par Jehan Dardre : Cahier de papier in-4°, couvert en parchemin, 21 rôles. *Arch. du Dépt.* *Carton de la Confrérie du Puy.*

« Item le viel tableau de :

Lune prenant du vrai soleil lumière.

Que soloient avoir les maistres nouveaux durant leur année et leur maistrise a esté vendu par conseil et advis des maistres à maistre Pierre Dumas . . XL sols. »

Pierre Dumas était maître de la confrérie en 1502; ne serait-ce pas le même tableau qu'il a offert cette année là, avec la devise :

Soleil rendant éternelle lumière.

1473.

Robert FAVEREL, marchand :

Pierre au désert produisant iaue vive.

La 29ᵉ miniature du Ms. de Paris représente la sainte Vierge tenant son enfant debout sur une pierre cubique, comme sur une sorte de piédestal, au milieu d'une belle campagne boisée. Sur le devant du tableau, Moïse, tenant une verge à la main, paraît toucher cette pierre. A droite et à gauche, sont divers personnages, à la tête desquels on distingue un empereur, un cardinal, un roi.

1474.

Jéhan MARCHANT, prêtre, clerc de l'église paroissiale de Saint-Martin-aux-Waides.

Calice eslut au divin sacrifice.

La huitième miniature du Ms. représente la sainte Vierge devant un autel et posant l'enfant Jésus dans un ca-lice où il est plongé jusqu'au ventre. Elle est entourée de

divers personnages ; un d'entr'eux a un lion à ses pieds,
un autre un bœuf (sans doute Saint-Marc et Saint-Luc) ;
plusieurs s'inclinent devant l'autel, auprès duquel est
agenouillé le donateur, vêtu d'une robe brune. Pagés (1),
en parlant du tableau de Marchant, se borne à dire qu'on
n'y avait pas épargné l'or, et que l'on y voyait dans le
lointain la ville d'Amiens avec la cathédrale, *telle appa-
remment qu'elle était du temps où le tableau avait été peint.*
Il ajoute qu'on remarquait aussi dans le lointain l'église de
Saint-Acheul, couverte de tuiles, avec un clocher différent
de celui qui existait en 1709. Il s'occupe ensuite des sujets
traités sur les volets du tableau. Sur l'un on voyait Saint-
Domice, habillé d'une soutane de couleur rouge, avec un
manteau vert brun, tirant sur le violet ; le saint personnage
portait une grande calotte rabattue sur les oreilles et tenait
à la main un livre couvert en rouge ; il était auprès de son
ermitage, construit dans l'épaisseur d'une forêt. Sur l'autre volet, le peintre avait représenté Sainte-Ulphe, en habit de religieuse, tel que le portaient les dames du Para-
clet d'Amiens. La sainte était auprès de sa cellule, placée
dans un lieu marécageux, où l'on n'avait eu garde d'ou-
blier les grenouilles. dont Ulphe fit cesser le coassement.

1476.

Jéhan DELATTRE, procureur : (2).

Du feu d'amour colonne lumineuse.

(1) *Ms. de Pagés,* tome 1er, 2e dial. p. 32 et 39.

(2) « Me Jean Delattre, procureur, fust faict maistre en 1476, et
par l'advis des autres maistres, continua la feste et solemnité quy se

La 28ᵉ miniature du Ms. a reproduit ou imité le tableau. On voit dans le ciel la sainte Vierge et son enfant entourés de flammes ; au-dessous s'étend la mer, où se noient de nombreuses personnes, et où vont s'engloutir quelques canons, montés sur leurs affûts. Sur le devant, on voit Moïse, reconnaissable à la longue verge qu'il porte à la main ; sa sœur Marie, tenant un tambour et frappant sur cet instrument ; d'autres personnages encore, qui célèbrent leur délivrance après le passage de la Mer-Rouge. Le donateur, agenouillé suivant l'usage, porte une robe grise.

1477.

Jehan OBRY, sergent à masse de la Ville :

Puy d'yaue vive aux humains pourfitable.

Dans la 13ᵉ miniature du Ms. de Paris, la sainte Vierge, au milieu d'une campagne, pose son fils sur le rebord d'un puits ; à sa droite, des femmes ; à sa gauche, des hommes ; et, sur le devant, les personnages en quelque sorte obligés de ces tableaux, un pape, un roi, un cardinal, etc. Le donateur, à genoux, porte une robe grise.

1478.

Martin MARTIN, marchand :

Terre donnant fruict de grace et de gloire.

faisoit le dict jour de la Chandeleur, au jour de la Nativité de Nostre-Dame, huitième jour de septembre, et la présentation du tabel au jour de la Nostre-Dame, my-aoust. » *Extraits des ord. et délib. de la Confr.* — Voir *la Confr. du Puy*, par M. A. Breuil. *Mém. des Ant. de Pic.* tome XIII, page 616.

La 11ᵉ miniature du Ms. représente la sainte Vierge tenant son enfant, au milieu d'une verdoyante campagne ; à sa droite, une troupe d'anges ; à sa gauche, un pape, un roi et d'autres personnages.

Le donateur, agenouillé sur le devant du tableau, est habillé en laïque.

Martin était neveu d'Alphonse le Mire, qui avait donné les grandes orgues de la cathédrale.

Pagés (1) nous dit que dans le tableau, où la sainte Vierge était considérée comme une terre bénite qui a produit le fruit de grâce, le peintre avait profilé la ville d'Amiens, dont on apercevait les principaux édifices ; assez près de la ville se montrait un château bâti sur une éminence. Ce ne peut-être, remarque naïvement Pagés, le *Château* ou *Castillon*, qui a été détruit en 1116 ou 1117.

1479.

Sire Fremin LE NORMAND, écuyer, seigneur de Hourges et de Longpré-les-Amiens, maïeur en 1469 et 1473 :

Médicinalle et fructueuse olive.

La 25ᵉ miniature du Ms. représente la sainte Vierge tenant l'enfant Jésus debout au milieu d'une belle campagne, où de nombreuses personnes des deux sexes sont occupées à faire la récolte des olives.

On se demande pourquoi, sur cette miniature, le donateur a le costume d'un chanoine.

1480.

Jehan BERTIN, grénetier d'Amiens, échevin en 1482 :

GRENIER rempli du sel de Sapience.

(1) *Ms. de Pagés,* tome 1ᵉʳ, 2ᵉ dial. p. 39.

On voit dans la 16e miniature la sainte Vierge debout sous une légère construction, et placée sur un amas de blé que mesurent et ensachent diverses personnes ecclésiastiques et laïques. Deux saintes sont aux côtés de la Vierge. Le donateur, en robe brune, est agenouillé sur le devant.

1482.

Jehan Matissart, marchand (1) :

Mont auquel Dieu s'apparut aux humains.

La 32e miniature représente, au milieu d'une campagne, la sainte Vierge portant son fils ; un vieillard à barbe grise, peut-être David, est à genoux auprès d'elle ; on aperçoit des tentes dans le fond, qui est occupé ainsi que le devant par des gens de guerre. Le donateur porte une robe noire fourrée.

1483.

Vincent le Cat, marchand :

Plaisant Hester (2) du roi des cieulx eslute.

(1) « Me Jean Matissart fust esleu maistre le jour de Notre-Dame, en septembre 1482, et la feste se continua jusques à la Chandeleur 1483 ; auquel jour fust ordonné par les maistres que la feste à l'advenir s'entretiendroit au dict jour de la Chandeleur. » *Extraits des Ord. et délibérations*, par Ant. Mouret; voir *la Confr. du Puy*, par M. A. Breuil, dans le tome xiii des *Mém. des Ant. de Pic.* p. 616.— Ainsi les maitres annulaient la délibération de 1476, prise sous la maitrise de Jean Delattre et citée plus haut ; la Chandeleur redevenait la fête du Puy, et le tableau de l'année devait, conformément aux statuts de 1451, être apporté le jour de Noël.

(2) Esther et Judith, ayant procuré la délivrance d'Israël, sont regardées comme des types de Marie, et, à ce titre, elles figurent souvent dans les peintures religieuses.

Dans la 17e miniature, la sainte Vierge tient l'enfant
Jésus, qui pose une couronne sur la tête de sa mère. Autour de Marie, le peintre a figuré diverses circonstances
de l'histoire d'Esther ; on la voit se présentant devant
Assuérus, recevant la couronne, prenant place au ban-
quet royal, etc.

Le donateur porte une robe noire fourrée sur une cotte
rouge.

1484.

Jehan DU GARD, licencié ès-lois, élu ; échevin en 1482,
1483, 84, 87, 88, 89.

Isle de mer d'aménité remplie.

Dans la 14e miniature, la Vierge tient son enfant au milieu d'une île, où des évêques paraissent donner la béné-
diction. Un pape frappe la terre, devant un bélier, avec un
instrument en forme de pic.

Dans une ville, en dehors de l'île, un empereur est
assis sur son trône, et divers personnages, un pape, un
cardinal, un roi, un guerrier, discutent entre eux.

Le donateur, comme de coutume, est agenouillé sur le
devant du tableau.

Une ancienne légende raconte, que l'Empereur Trajan
avait envoyé dans une île dépourvue d'eau deux mille
chrétiens, qui devaient extraire les pierres des carrières.
Le chant royal auquel correspond la miniature en explique le sujet par ces vers :

> *Sur une isle de mer en peine austère,*
> *Traian transmit deux milles xpistiens,*
> *A desrocher de grans marbres matere,*
> *Pour les palais romains faire excellens.*

Puis envoia Clément le pape insigne,
Auquel laignel du pied dextre fit signe ,
Lors print son picq, aiant d'eaue carence,
Lisle frappa, se eust eaue en affluence.
A ceste isle moralement Marie,
Poons signer et le dire en présence,
Isle de mer damenite remplie.

1485.

Jacques LENGLES, procureur greffier de la ville d'Amiens :

De terre et ciel triumphante princesse.

Pagés (1) nous apprend que le tableau de Jacques Lengles se trouvait de son temps dans la cathédrale, mais il n'en donne aucune description. La 12ᵉ miniature supplée à son silence. La sainte Vierge, placée sur un trône, dans une construction gothique, a derrière et devant elle une multitude d'anges, dont plusieurs exécutent un concert avec divers instruments de musique.

Les personnes figurées sur le devant du tableau paraissent appartenir à la famille du donateur. Celui-ci est agenouillé et revêtu d'une robe laïque ; une levrette est placée devant lui.

1486.

Jean DE SAISSEVAL, écuyer, sieur de Pissy, — échevin en 1491, 1492, 1493, 1496, 1498, 1499, 1500, 1501, 1502, 1503, 1504, 1505, 1507, 1508, 1509, 1511, 1512, 1513, 1514, 1515, 1516 , 1517, 1518, 1519, 1520, 1521 ; maïeur en 1510.

Lavoir rendant parfaicte purité.

(1) *Ms.* tome 1ᵉʳ, 2ᵉ dialogue, p. 49.

Le tableau a été imité par la 31ᵉ miniature du Ms. de Paris.
La sainte Vierge placée devant une élégante construction,
dans le style de la Renaissance, est debout sur le bord du
bassin supérieur d'une fontaine, auprès de laquelle on
voit, à droite, un pape, et à gauche, faisant comme un pendant au pape, un personnage qui a sa toque derrière le
dos et qui paraît être un fou. Autour de la fontaine se trouvent des hommes et des femmes, portant la plupart un
agneau blanc.

Le donateur est revêtu d'une robe brune fourrée.

Voici la première strophe du chant royal correspondant
à la miniature.

> *Salomon fist ung lauoir composer*
> *De fin airain que, pour belle existence ,*
> *Rond en largeur par hault fit disposer ,*
> *Et estroit bas, produisant effluence*
> *Deaue en vaisseau par sy grande affluence,*
> *Que en ceste eaue pour ce temps lotion*
> *Faisoient ceulx quy de immolacion*
> *Ou sacrifyce eurrent auctorité,*
> *Signant la Vierge estre en perfection*
> *Lauoir rendant parfaicte purité.*

1487.

Jehan Rohault, marchand :

> *Vierge assenech, (1) du vray saulveur espeuse.*

Dans la 3ᵉ miniature, la sainte Vierge, debout au milieu
d'une place, dans l'enceinte d'une ville, tient par la main
l'enfant Jésus, revêtu d'un costume royal. A sa droite et à

_____
(1) Sage.

sa gauche, divers personnages et des dames; sur le devant, un coche ou chariot auquel on attelle deux chevaux. — Le donateur est en dehors de la ville, vêtu de gris et en costume laïque. Le peintre a figuré sur le devant un oiseau et un singe.

1488.

Robert Bigant, procureur à Amiens, échevin en 1465.

De l'angle (1) du grant conseil consistore.

20ᵉ miniature du Ms. de Paris. La sainte Vierge est debout devant les degrés d'une construction gothique ; de petits anges placés sur les marches, ou auprès des marches, l'accompagnent ; elle est entourée de personnages des deux sexes. Sur le premier plan du tableau, un pape et un empereur sont agenouillés devant elle.

Le donateur, en robe noire, est placé devant un prie-Dieu.

1489.

Etienne le Vasseur, marchand :

Le jardin clos où crust le vray laurier.

26ᵉ miniature du Ms. La sainte Vierge, portant son enfant, est debout au milieu d'un jardin clos de murs et entouré d'un berceau couvert de pampres ; auprès d'elle est une fontaine. Deux anges, dépourvus d'ailes, paraissent garder la porte à l'extérieur du jardin ; un roi et un personnage vêtu en laïque, se trouvent en dehors du jardin, ainsi que le donateur, agenouillé devant un prie-Dieu.

(1) Ange.

1490.

Pierre le Coustellier, marchand :

Ciel contenant lumière glorieuse.

10° miniature. — La sainte Vierge, placée dans le ciel entre deux anges, tient le petit enfant Jésus, duquel émane une douce clarté. Au-dessous, on aperçoit une ville, et, sur le devant, un pape, un roi, et divers personnages. Le donateur, en robe grise, est agenouillé devant un prie-Dieu.

1491.

Robert de Cambrin, écolâtre et chanoine de l'église de Notre-Dame d'Amiens :

Soubs l'éternel recteur sage régente.

2° miniature. — La sainte Vierge, placée sur une chaire ou sur un trône, dans une église, et tenant dans ses bras l'enfant Jésus, a devant elle un pupître et un livre ; elle semble présider et enseigner une assemblée, où se trouvent saint Jean-Baptiste, des apôtres, des saints et des saintes, un pape, un roi, un évêque, des moines, qui occupent des stalles et des bancs.

Le donateur, à genoux devant un prie-Dieu, porte la soutane rouge et le surplis.

1492.

Adrien de Hénencourt, seigneur de Hénencourt, docteur en décret, prévôt et chanoine de l'église Notre-Dame d'Amiens, et chancelier de Noyon :

De vraye paix trésorière excellente (1).

(1) Voyez le chant royal d'Adrien de Hénencourt dans *la Confrérie*

Pagés (1) nous dit que le tableau qui offrait cette devise et qui portait des marques d'ancienneté, fut enlevé de la cathédrale au mois de juillet 1709; il ajoute qu'on y avait représenté l'histoire de Jahel perçant la tête de Sisara.

La 9ᵉ miniature du manuscrit de Paris ne reproduit pas ce trait d'histoire biblique. La sainte Vierge y tient son fils posé sur une colonne basse et enjolivée; elle est enfermée dans une enceinte fortifiée, garnie de tours (*un fort donjon de vertu admirable*, dit le chant royal), et elle est environnée d'anges et de saintes qui portent chacune une petite tour. A la porte de l'enceinte on voit une femme ayant les attributs de la justice, un glaive et une balance; en dehors, un pape, un roi et divers personnages.

Le donateur, agenouillé sur le devant du tableau, a des cheveux blancs et porte l'habit de chanoine.

1493.

Jehan DARDBE, conseiller en la cour du roi et bailli de la châtellenie et baronnie de Picquigny :

Aube du jour qui le monde illumine.

4ᵉ miniature du manuscrit. — La Vierge, debout, tenant son enfant, au milieu d'une campagne, est l'objet de l'adoration de nombreuses personnes. Sur le devant, et dans les édifices d'une ville, se trouvent un roi, un pape, un cardinal, des bourgeois, etc. Au bas est représenté le donateur, vêtu d'une robe noire.

du Puy, par M. A. Breuil, tome XIII des *Mém. des Antiq. de Pic.*, p. 644 et suiv.

(1) *Ms.*, tome 1ᵉʳ, 1ᵉʳ dial., p. 63.

1494.

Simon DE CONTY, chanoine d'Amiens :

Basme donnant oudeur aromatique (1).

36° miniature. — La sainte Vierge tient son enfant debout, dans une île entourée de flammes, où l'on voit trois arbres, une fontaine et deux personnages. Dans d'autres îles environnantes se trouvent des personnes de toutes conditions, et, sur le devant de la miniature, on aperçoit un pape, un empereur, un roi ; tous paraissent recevoir ou offrir un objet blanc, qui, vraisemblablement, est le baume célébré dans le chant royal. Un chanoine l'offre au donateur, qui porte une robe noire fourrée d'hermine.

1495.

Jehan DE FLANDRE, notaire :

Du vray David fonde (2) *victorieuse.*

18° miniature. — La sainte Vierge, portant son enfant, est debout entre l'armée des Philistins et celle des Hébreux. Sur le devant, David vient d'atteindre avec sa fronde le géant Goliath, qui chancelle sous le coup.

Le donateur porte une robe grise fourrée.

1496.

Fremin PINGRÉ ou PINGUEREL, licencié en décret, péni-

---

(1) Voir dans *la Confrérie du Puy*, par M. A. Breuil, tom. XIII des *Mém. des Antiq. de Pic.*, p. 641 et suiv., le chant royal de Simon de Conty.

(2) Fronde.

4.

tencier et chanoine scelleur en l'église Notre-Dame d'A-
miens :

A l'unicorne agréable pucelle.

Pagés (1) nous apprend que l'on conservait de son temps
les volets du tableau, de moyenne grandeur, donné par
F. Pingré.

La miniature 27ᵉ du manuscrit montre la sainte Vierge
tenant son enfant et agenouillée ; une licorne blanche
vient se réfugier auprès d'elle. Sur un plan inférieur, devant la sainte Vierge, on remarque une espèce de puits ou
fontaine. A gauche de la sainte Vierge, une reine, à cheval, est accompagnée de dames et d'un piqueur ; de l'autre
côté, des personnages, à pied et à cheval, paraissent en
partie de chasse. Dans le fond on a représenté un sanglier
atteint par un chasseur, et un cerf.

Le donateur porte le costume de chanoine ; derrière lui
sont un homme et une femme, faisant sans doute partie de
sa famille.

On sait que, suivant la merveilleuse tradition du moyen-
âge, la licorne ne pouvait être domptée que par une
vierge.

Une boisson bue dans un vase fait avec la corne de cet
animal devait guérir celui qui avait pris le poison le plus
redoutable ou qui avait été atteint de la flèche la plus dan-
gereusement empoisonnée.

Ces idées se retrouvent dans la première strophe du
chant royal correspondant à la miniature décrite :

(1) *Ms. de Pagés*, tome 1ᵉʳ, 2ᵉ dial., p. 22.

Le unicorne est en rigeur si poissant,
Que on ne le scet par art de veneur prendre,
Et par sa corne est venin banissant
Du lieu ou touche et qui le pœult comprendre.
Pour ce à la fin de lunicorne avoir
Hors la forest lescript faict assavoir
Que on lui presente et face ostention
Dune pucelle en pure intention,
Car sa rigeur lors mue en doulceur belle,
Que on presente pour sa detention
A lunicorne agreable pucelle.

1497.

Jehan DE SAINT-DELIS, seigneur de Heucourt, Havernas
et Bèrnapré :

De mer estoile adreschant l'homme à glore (1).

6ᵉ miniature. — La sainte Vierge est debout sur le bord
de la mer. Jonas sort du ventre de la baleine ; un vaisseau
porte un pape, un empereur, un roi (peut-être saint Louis),
un cardinal ; un second vaisseau est monté par des évêques
et des gens d'église ; un troisième par des bourgeois.

Le donateur, agenouillé, porte une robe grise.

Pagés (2) a seulement remarqué qu'on avait peint en

(1) Gloire.
(2) Tome 1ᵉʳ, 1ᵉʳ dial., p. 112. — Pagés dit qu'à la place du tableau de 1497, placé primitivement contre une colonne de la clôture
du chœur de Notre-Dame-l'Anglette, et ôté en 1705, on mit la statue
de l'enfant Jésus, en marbre blanc, terrassant le démon sous la figure d'un serpent. Cette sculpture, ouvrage de Blasset, était un don
de François de Vitri, seigneur des Auteux. Le piédestal et les deux
êtes d'anges qui l'accompagnaient avaient été sculptés par Cressent,
sculpteur d'Amiens. — Ce monument existe encore à la cathédrale.

grisaille ou en clair obscur, derrière les volets du tableau, Jésus-Christ et la Samaritaine.

1498.

Robert DE FONTAINES, licencié ès-lois, seigneur de Monstrelet, conseiller du roi et bailli du temporel de l'évêché d'Amiens.

Au gendre (1) *humain consolable fontaine.*

23ᵉ miniature. — La sainte Vierge, placée devant une chaire gothique, pose son enfant sur une espèce de bénitier soutenu par une colonnette. Dans diverses constructions environnantes se trouvent des personnages, dont plusieurs portent des bouteilles ou des vases pleins d'eau. Sur le devant, une dame, richement vêtue (elle porte une robe bleue, semée de fleurs d'or), offre à un homme une carafe remplie d'eau.

Le donateur, en robe noire, est à genoux à côté de cette dame.

Pagés (2) décrit le tableau auquel correspondait la miniature, et il en indique le sens mystique.

La Vierge, dit-il, y est figurée sous le symbole d'une fontaine intarissable; des hommes et des femmes, sortant de divers châteaux et de diverses maisons, viennent avec des vases puiser l'eau d'une belle fontaine, sur laquelle est placée la figure de la Vierge. Ces châteaux et ces maisons sont ornés de jolis donjons de formes variées. — On reconnaît aisément, ajoute notre auteur, que l'artiste qui a

(1) Genre.

(2) *Ms. de Pagés*, tome 1ᵉʳ, 2ᵉ dial., p. 48.

fait ce beau tableau, est le même à qui l'on doit celui de 1500. L'un et l'autre sont admirables par leur délicatesse et la vivacité du coloris.

1499. *

Antoine de Coquerel, greffier des Elus, puis conseiller au bailliage d'Amiens, et bailli de Moreuil :

Arbre portant fruict d'éternelle vie.

19ᵉ miniature. — La sainte Vierge est placée au milieu d'un jardin entouré de jolies fontaines et gardé par des anges ; elle soutient son fils et le pose, comme un fruit, sur le haut d'un arbre touffu, qui monte jusqu'à sa ceinture. Dans le bas du tableau, des anges exécutent un concert.

Le donateur, vêtu d'une robe fourrée, est à genoux ; derrière lui sont des personnes de sa famille.

Pagés (1), à l'occasion du tableau de 1499, se borne à cette explication :

(1) *Ms. de Pagés*, tome 1ᵉʳ, 2ᵉ dial., p. 21. — Pagés parle aussi d'un monument servant d'épitaphe à Thibaut Coquerel, chanoine de la cathédrale. Il était représenté à genoux, devant un autel sur lequel se trouvait l'image de la sainte Vierge sous le nom de Notre-Dame-de-Liesse. Cet ouvrage en pierre, délicatement sculpté et exécuté en 1520, était pratiqué dans la muraille, du côté gauche, en entrant dans la cathédrale par le portail faisant face au cloître Saint-Nicolas. — Thibaut de Coquerel et Pierre Dumas, chanoine aussi, mort en 1517, firent construire à leurs dépens une muraille destinée à fortifier une portion du transept droit.

— L'écu des Coquerel, d'azur à trois coquelets d'or, crettés, becqués et membrés de gueules, à la bordure componnée d'argent et de

« Le donateur compare la sainte Vierge à un arbre portant un fruit qui nous donne la vie éternelle, bien différent de cet autre fruit dont goûtèrent nos premiers parents, et qui causèrent leur mort et celle de tous leurs descendants. »

Le tableau d'Antoine de Coquerel existe encore. Il appartient au musée de la Société des Antiquaires de Picardie. Malheureusement il a été coupé et réduit ainsi aux deux tiers de sa hauteur primitive. La Vierge se trouvait sur un rocher formant île ; mais, par suite de la mutilation, l'on ne voit plus que le bas de sa robe et ses pieds. A sa droite est un ange qui touche l'orgue, à sa gauche un autre ange qui chante et tient un cahier de musique ; devant elle se tient debout un archange. Dans le voisinage du rocher on distingue quatre petites îles remplies de personnages. Au bas du tableau se groupent et se mêlent les figures saillantes : un pape, presqu'entièrement effacé à cause de la dégradation que la peinture a subie, un cardinal, un évêque, un empereur, un roi (peut-être Louis XII). Derrière le donateur, agenouillé, on aperçoit plusieurs dames debout, faisant sans doute partie de sa famille. Leurs têtes charmantes sont peintes avec une remarquable finesse. Tous les personnages du premier et du second plan s'offrent les uns aux autres un fruit rouge ayant l'apparence

gueules, figure dans la rose occidentale de la cathédrale, au-dessus du grand portail. Suivant l'opinion la plus générale, cette rose aurait été donnée par Firmin de Coquerel, mayeur d'Amiens en 1359 et 1361. — L'écu des Coquerel se trouve aussi sur la console qui porte la statue de saint Michel, au-dessus de la porte du transept droit.

d'une mûre. Les coqs qui figuraient dans les armes des Coquerel ne sont pas oubliés dans le tableau. En résumé, cette peinture, la plus ancienne de celles qui ont été conservées, est très-remarquable pour l'époque de son exécution. Le sentiment religieux est empreint sur toutes les figures, qui sont pleines de naïveté et d'expression.

1500.

Arnoul JACQUEMIN, prêtre, chapelain, curé de Cisterne (1) et notaire de la cour spirituelle :

Digne CISTERNE à l'eaue désirée.

Pendant que Bethléem était au pouvoir des Philistins, David s'était réfugié dans la caverne d'Odollam. Tourmenté par la soif, il dit qu'il désirait boire de l'eau de la citerne de Bethléem. Trois israélites, qui l'entendirent, traversèrent le camp des Philistins et rapportèrent de cette eau ; mais David ne voulut pas la boire et l'offrit au Seigneur.

Tel était le sujet du tableau de 1500, sujet d'ailleurs suggéré au donateur par le nom de sa cure, qu'il avait fait entrer dans le refrain palinodial.

La 24ᵉ miniature du manuscrit de Paris représente la Vierge debout avec son enfant, au milieu d'une ville fortifiée. A ses pieds se trouve une petite enceinte circulaire, palissadée et garnie de verdure. En dehors de la place, on voit des guerriers à cheval. Sur le devant du tableau, et dans une autre enceinte fortifiée, David soutient sa tête

(1) Citerne est actuellement une commune du canton d'Hallencourt, arrondissement d'Abbeville.

en signe de tristesse ; trois militaires lui présentent des vases, sans doute remplis d'eau.

On a vu plus haut qu'un même peintre avait exécuté le tableau de 1500 et celui de 1498, et que Pagés donnait à ces deux ouvrages les plus grands éloges.

1501. *

Jehan LE CARON, seigneur de Bouillancourt-sur-Miannay (1), receveur des aides :

Sacrés ampoule à l'unction royale.

Le tableau de Jean le Caron était un des plus curieux de ceux qui ornaient la cathédrale. Le donateur y était représenté avec les personnes de sa famille, et derrière l'un des volets, on le voyait encore peint, presque de grandeur naturelle, avec l'écu de ses armes : il portait d'argent au chevron de gueules, accompagné d'un trèfle de sinople posé en pointe.

Ce tableau se composait d'un panneau central et de deux volets. Ces volets, qui existent encore, ont pour sujet, l'un le sacre de David, l'autre celui de Louis XII.

Pagés (2) décrit ainsi la peinture du milieu. — « La sainte Vierge tenant l'enfant Jésus, est assise sur un trône au bas duquel sont représentés presque tous les souverains de l'Europe, vêtus de leurs habits royaux et tenant chacun l'écu de leurs armes, peint de ses métaux et couleurs.

(1) Bouillancourt-sur-Miannay est actuellement une section de la commune de Miannay, canton de Moyenneville, arrondissement d'Abbeville.

(2) *Ms. de Pagés* tome 1er, 1er dial. p. 72 et suiv.

Ces souverains, placés sur une même ligne, forment presque un demi-cercle. Le premier est le pape, couvert de ses habits pontificaux, et accompagné de quelques cardinaux; il porte la tiare à triple couronne, surmontée d'un globe et d'une croix. L'empereur est placé de l'autre côté de la ligne, ayant un écu d'or avec un aigle de sable : sa couronne est ouverte et rehaussée en forme de mitre. Après le pape, vient le roi de France, avec le sceptre en main, la couronne garnie de fleurs de lis et le manteau d'azur, semé de fleurs de lis sans nombre. Ensuite viennent le roi de Naples et de Sicile, le roi de Castille et de Léon, le roi d'Aragon, les rois de Portugal, d'Angleterre, d'Ecosse, de Suède, de Danemarck, de Norwège, de Pologne, de Hongrie, de Moscovie. »

La 22ᵉ miniature du manuscrit de Paris représente la sainte Vierge, placée dans une petite niche, qui paraît suspendue dans le ciel; elle tient une fiole (la sainte ampoule) à la main, et l'enfant Jésus, placé devant elle, est couronné par deux anges. D'autres anges entourent la Vierge; quelques-uns sont en costume de chevalier, ayant la tête couverte d'un heaume, qui cache entièrement le visage. A droite, toujours dans le ciel, on voit un empereur et des évêques; à gauche et au-dessous de la Vierge, différents personnages, qui portent des écus et peuvent figurer les pairs laïques. Les personnes des deux sexes qui se trouvent dans le bas de la miniature, sur la terre, appartiennent sans doute à la famille du donateur, qui est agenouillé et porte une robe noire.

Cette description montre que la miniature est loin de reproduire fidèlement le tableau.

Pagés parle aussi des deux volets qui accompagnaient
ce tableau, et que le Chapitre avait fait détacher au mois
de mars 1712, puis replacer un mois après. Acquis par
M. du Sommerard, ces volets font actuellement partie du
musée de Cluny, où ils sont placés sous le n° 725. Le
livret de ce musée décrit ainsi les peintures, dont il fait
ressortir l'intérêt. « Dans le volet de droite, le roi Louis XII
est à genoux, couvert de la robe fleurdelisée ; auprès de
lui se tient l'archevêque Guillaume Briconnet, entouré
des pairs ecclésiastiques et laïques, et des grands dignitaires qui lui confèrent les attributs de la royauté. La chapelle est pavée de mosaïques ; l'autel est couvert d'un
riche retable, et au-dessus de la figure du roi est appendu
le dais avec l'inscription : « *ung Dieu, ung Roi, une
foi.* » Dans les galeries sont groupés des écuyers sonnant
des trompettes, dont les bannières sont à l'emprise du roi,
le porc-épic et les L couronnés. Dans le volet de gauche,
le roi David est à genoux, portant le sceptre et prêt à recevoir la couronne. Samuël est agenouillé derrière lui et
tient dans les plis d'un voile la corne remplie de l'huile
sacrée. La chapelle, dont le fond est garni d'un immense
dais en drap d'or, est remplie d'hommes d'armes en costume du xv⁰ siècle, portant sur la poitrine les attributs
du saint roi, la harpe couronnée ; les mêmes attributs
sont brodés sur les bannières des trompettes.

Le livret, ajoute que ces volets ont été sauvés d'une destruction imminente par M. Thieulloy, d'Arras (1).

(1) Ces volets sont lithographiés sur la planche 35 de la 4ᵉ série
de l'Album de *la Renaissance des Arts.*

1502.

Pierre Dumas, prêtre, chapelain , secrétaire de Mgr. Philippe de Clèves, évêque d'Amiens, — chanoine de saint Firmin-le-Confesseur, licencié en décret :

Soleil rendant éternelle lumière.

Pagés (1) se borne à dire que le tableau offert, par Pierre Dumas était de très-bon goût.

La 5ᵉ miniature du Ms. de Paris montre la sainte Vierge tenant son enfant et placée dans le ciel du paysage, d'où elle domine et illumine la mer et la terre. Au-dessous, on voit en divers lieux, tribunes ou chambres, un roi, un magistrat, qui semblent tenir leur cour ou rendre la justice, et que la Vierge éclaire de sa divine lumière.

Le donateur, en costume de chanoine, est à genoux sur le devant.

1503. *

Pierre Vilain, avocat, bailli du chapitre, depuis conseiller du roi, juge et garde de la prévôté de Beauvoisis.

Cour souveraine administrant justice.

39ᵉ miniature. — la sainte Vierge est assise dans un prétoire, ayant à ses côtés la Science et la Justice. Elle tient son fils et elle ouvre un livre ; une femme l'implore, en se jetant à ses pieds. Dans le préau se trouvent des personnages de toute sorte , parmi lesquels des infirmes et des pauvres demandant l'aumône aux passants. Sur le devant, des hommes et des femmes, un papier à la main,

(1) *Ms. de Pagés*, tome 1ᵉʳ, 2ᵉ dial. p. 22.

paraissent se rendre au tribunal de la Vierge , ou en revenir.

Le donateur est vêtu d'une robe grise.

Pierre Vilain portait : d'argent à trois fasces de sable et à trois merlettes de même., en chef.

Notre collègue, M. Demarsy, possède une médaille de plomb qui offre précisément ces armoiries.—Au revers, le champ est occupé par une Vierge couronnée, tenant l'enfant Jésus. A côté on distingue encore un puits, bien que le haut soit tout à fait fruste (1).

Cette médaille était probablement un *méreau de distribution*, frappé durant la maîtrise de Pierre Vilain. (Voir l'appendice n° 5).

1504.

Jehan LE PRÉVOST, procureur et conseiller en la cour du roi, à Amiens.

Au souverain Moyse humble fiscellé (2).

Le sujet du tableau donné par le Prévost était complexe ; il représentait Moïse sauvé des eaux et Jésus-Christ dé-

_____

(1) Ces détails ont été communiqués par M. Demarsy, dans une lettre en date du 6 février 1858.

(2) Fiscelle, du latin *fiscella*, petit panier de jonc ou d'osier. Il signifiait aussi un clayon à faire égoutter les fromages, et la langue romane employait les mots *fisselle* et *fesselle* avec cette signification. Dans le patois du départ. de l'Orne on trouve encore *foicelle* que MM. Duméril interprètent ainsi dans leur *Dictionnaire du patois normand :* vase percé de trous pour faire égoutter le fromage ; panier de jonc qui sert au même usage.

robé à la fureur d'Hérode. Suivant le témoignage de Pagés (1), les figures en étaient fort bien peintes.

Dans la 35ᵉ miniature, la Vierge est debout avec son enfant au milieu d'une ville ; devant elle, un enfant emmailloté repose dans une corbeille flottant sur l'eau, et la fille de Pharaon le fait remarquer aux femmes de sa suite. Dans le fond, Pharaon est assis sur son trône ; ses satellites, dispersés dans les rues et dans les maisons, égorgent ou jettent dans le Nil les enfants des Israélites ; les mères se hâtent de fuir avec les enfants que le fer n'a pas encore atteints. — Dans un appartement, un ange réveille une femme endormie : c'est l'avertissement donné à la mère de Jésus de fuir en Egypte.

Sur le devant du tableau, le donateur, à genoux, est représenté avec l'écu de ses armes. Il portait d'azur à la bande d'or, accompagnée d'une étoile de même, posée à la gauche du chef, et à la coquille d'argent placée à la droite de la pointe de l'écu.

1505.

Robert FOUACHE, écuyer, seigneur de Glisy (2) :

De dons divins libérale boursière.

Pagés (3) nous apprend que les figures du tableau étaient bien variées et qu'un or éclatant en rehaussait les draperies.

(1) *Ms. de Pagés*, tome 1ᵉʳ, 1ᵉʳ dial. p. 60.

(2) Glisy, annexe actuellement de Blangy-Tronville, canton de Sains, arrondissement d'Amiens.

(3) *Ms. de Pagés*, tome 1ᵉʳ, 2ᵉ dial. p. 4.

Dans la 33ᵉ miniature, la sainte Vierge paraît debout devant un léger édifice gothique ; une bourse rouge est suspendue à sa main droite, avec laquelle elle soutient aussi son enfant. A droite, des femmes ; à gauche, des dignitaires ecclésiastiques l'entourent ; des laïques, s'adressant à elle comme dispensatrice des grâces que Dieu veut bien accorder aux fidèles, semblent lui demander d'ouvrir sa bourse en leur faveur.

Le donateur est représenté avec une robe noire. Il portait d'azur au lion d'or armé et lampassé d'argent. Son écu était surmonté d'un casque, timbré, à cinq grilles, et un peu tourné.

1506.

Pierre Pèredieu (ou Pierre-Dieu) prêtre, grand-maître des écoles d'Amiens.

Siège au GRANT MAISTRE administrant science.

La 37ᵉ miniature, qui a été lithographiée sur la planche xxx de la 9ᵉ série de l'atlas des *Arts au moyen-âge*, de M. du Sommerard, nous montre la Vierge assise sur un trône au milieu d'une salle, et tenant un livre dans lequel elle fait lire l'enfant Jésus. A sa droite et à sa gauche, des femmes, richement parées, portent différents attributs, des livres, des instruments de musique, un *cœur*. Sur le devant, un maître, assis devant un bureau, semble enseigner, et des personnes de toute condition, des gens d'église, des docteurs, des enfants, lisent ou écoutent.

Pagés (1) s'est complu à décrire le tableau donné par

(1) *Ms. de Pagés*, tome 1ᵉʳ, 2ᵉ dial. p. 5 et suiv.

Pèredicu. Il en trouve la composition fort curieuse, le dessin particulier, et sa description, confrontée avec la miniature, prouve que celle-ci n'offre qu'une imparfaite esquisse de l'œuvre compliquée du peintre.

L'artiste, voulant y présenter l'image de toutes les sciences, a peint sous différentes figures symboliques les arts libéraux et mécaniques. Les jeunes filles qui les représentent portent chacune les attributs qui leur conviennent. Une d'elles tient d'une main une sorte de tablette sur laquelle sont tracés les caractères de l'alphabet, et de l'autre une clef, pour marquer que la *Grammaire* ouvre la porte qui donne accès aux autres sciences. La *Rhétorique* et la *Philosophie* ont pour interprètes des professeurs en robe et en bonnet, qui instruisent des jeunes gens assis sur des bancs. D'autres écoliers apprennent l'arithmétique et s'exercent à compter soit avec des jetons, soit avec une plume. La *Science des nombres* est représentée par une jeune fille, dont la robe est parsemée de chiffres arabes ; une autre, tenant un papier noté et une harpe, personnifie la *Musique*, qui est enseignée à des enfants de chœur par leur maître. *La Géométrie* tient un quart de nonante, et, auprès d'elle, des jeunes gens tracent avec le compas des cercles et d'autres figures. L'*Astronomie*, dont la robe est parsemée de figures emblématiques et de signes propres à cette science, tient à la main un astrolabe et considère les mouvements des astres ; auprès d'elle est une sphère.

L'*Agriculture* a sa place dans le tableau, de même que la *Navigation*, qui tient un astrolabe et d'autres instruments, et dans le voisinage de laquelle on remarque un tonneau. Le *Négoce* lui-même trouve sa personnification dans une jeune fille, qui tient une aune. La *Médecine* n'a pas le privilège de cette gracieuse représentation : elle est figurée masculinement par différents médecins en robe, qui ordonnent des remèdes aux malades.

Une même figure de femme représente la *Guerre* et la *Chasse*. Cette femme, armée d'un arc, qu'elle tient à la main, porte un sabre à sa ceinture, et foule aux pieds un homme terrassé. Un chien est auprès d'elle. Pagés constate une particularité assez surprenante, c'est que cette figure porte à la bouche une pipe, dont il sort de la fumée (1).

Les *Arts mécaniques* sont rappelés par des ouvriers frappant sur l'enclume, ou travaillant à divers ouvrages.

Le donateur enfin est peint au bas du tableau avec l'écu de ses armes : d'azur, au pélican d'or nourrissant ses petits, aussi d'or.

Pagés ajoute que les figures, peintes en grand nombre dans ce beau tableau, ont des attitudes convenables, que le coloris, les carnations, y sont naturels, les draperies bien jetées, et que l'on n'a point épargné l'or dans les ornements.

1507.

Nicolas Boulengier, marchand.

Forge ordonnée au souverain chief-d'œuvre.

(1) L'usage du tabac n'était pas encore connu en France en 1506 ; il est certain que la pipe aura été ajoutée plus tard.—Pagés, à propos de cette pipe, cite les vers suivants :

Le tabac amuse à l'armée
Les malheureux, les fortunés ;
Soldats le prennent en fumée,
Et les officiers par le nez.

38e miniature du Ms. La sainte Vierge est debout devant un édifice dans le style de la Renaissance. Le Saint-Esprit plane au-dessus de sa tête, et elle pose son enfant sur une enclume. Autour d'elle, cinq ou six femmes frappent sur cette enclume avec des marteaux. A gauche, plusieurs hommes, dont un porte une mandoline ; au bas, quatre jeunes filles assises, et qui chantent ensemble, les yeux fixés sur un cahier de musique, que l'une d'elles tient sur ses genoux.

Le donateur, accompagné de personnes de sa famille, porte une robe brune,

1508.

Robert DE COQUEREL, prêtre et chanoine de la cathédrale.

Du seur (1) *chemin infaillible Montjoye.*

30e miniature.— La sainte Vierge, tenant son fils entre ses bras, est assise au milieu d'un riche paysage ; des voyageurs de diverses conditions, des pélerins, parmi lesquels est un cardinal à cheval, se dirigent de plusieurs côtés vers la Vierge. Le Père Eternel, que l'on voit ordinairement au haut de ces peintures, appparaît ici dans le ciel, au milieu d'une enceinte de murailles : c'est la Jérusalem céleste.

On appelait *Montjoie* des amas de pierre formés par les pélerins sur le lieu où le but de leur pieux voyage se découvrait à leurs regards. Dans une acception plus large, on appelait aussi *Montjoie* les monceaux de pierre placés

(1) Sûr.

5.

sur les chemins pour indiquer, pour jalonner la route des pélerins, et Montjoie a évidemment ce sens dans la devise de Robert de Coquerel. Une élévation de terre, située entre le village de Saint-Fuscien et Amiens, sur laquelle se voyait une croix de pierre, est désignée, dans les anciens titres, sous le nom de Montjoie. (1)

Arrivant au tableau de R. de Coquerel, nous dirons que le sujet parut si particulier à Moreri, qu'il en fit une mention expresse dans son *Dictionnaire historique*, au mot *Montjoie*.

Suivant Pagés (2), le coloris de ce tableau était beau, la perspective agréable. On y remarquait un homme avec un hoqueton ou cotte d'arme de couleur rouge, ayant une grande croix blanche sur la poitrine. Cette croix, ajoute notre historien, était la marque de ceux qui s'enrôlaient pour la croisade contre les Albigeois. (3)

Sur les volets, qui ne manquaient pas de mérite, on avait représenté en six petits sujets différents les six grâces demandées par les chanoines de la cathédrale à la Vierge dans la prière chantée tous les jours après complies :

(1) Les anciens titres de la terre de Cagny donnent le nom de Montjoie à cette éminence au milieu de laquelle s'élève une croix sur son piédestal. De là on découvre la cathédrale, lieu de dévotion, où de nombreux pélerins viennent vénérer les saintes reliques, et particulièrement le chef de saint Jean-Baptiste ; de cette hauteur l'on découvre aussi l'église de Sains, que plusieurs personnes vont visiter par dévotion, comme étant l'endroit où, l'an 603, furent découverts les tombeaux des saints Fuscien, Victoric et Gentien, martyrisés pour la foi, l'an 303. — *Ms. de Pagés*, tome 1er, 2e dial. p. 24.

(2) *Ms. de Pagés*, tome 1er, 2e dial. p. 23.

(3) *Ibid.* tome 1er, 1er supplément, p. 7.

Sancta Maria,
Succurre miseris,
Juva pusillanimes,
Refove flebiles (vel debiles),
Ora pro populo,
Interveni pro clero,
Intercede pro devoto fœmineo sexu.

« Toutes les figures faisant partie des scènes motivées par ces diverses supplications, sont peintes, dit le bon Pagés, avec des attitudes naturelles et convenables. L'expression douloureuse de quelques-unes est si touchante, qu'elle excite la pitié, et les postures humiliées des autres sont si dévotes, qu'elles peuvent servir de modèles à ceux qui implorent les mêmes grâces. »

Sur ces volets on voyait aussi le roi de France, Louis XII, priant à genoux avec la reine, Anne de Bretagne. Auprès d'eux étaient leurs armoiries.

Robert de Coquerel, à l'occasion du don de son tableau, fit faire une médaille de plomb. La sainte Vierge, tenant son enfant, était placée sur un monceau de pierres entre des arbustes et des fleurs. Au revers, se trouvait l'écu de la famille de Coquerel, décrit plus haut. (1)

1509.

Nicole DE LA COUTURE, cordelier, docteur en théologie, évêque d'Hébron, suffragant de François d'Hallewin, évêque d'Amiens. (2)

Mer spacieuse aux viateurs propice.

(1) Cette médaille était probablement un méreau.
(2 Mgr. de Hallewin ayant été nommé, à l'âge de vingt ans, évêque

D'après Pagés (1), le tableau représentait une mer tranquille, chargée de plusieurs beaux vaisseaux, de forme antique, et blasonnés des armes du roi de France et de celles d'autres princes souverains. — Il était à volets, comme le précédent, et sur l'un de ces volets on voyait Moïse marchant dans le désert à la tête du peuple juif, et guidé par une nuée lumineuse.

La 15e miniature du manuscrit nous montre seulement a sainte Vierge placée sur une barque avec des personnes qui, tenant un bassin et un panier rempli de pièces d'or, les offrent à d'autres personnes placées sur le rivage. Sur l'arrière de la barque figure le donateur, agenouillé, en habits d'évêque. Plusieurs autres barques sillonnent la mer.

Le tableau décrit par Pagés montrait aussi le donateur revêtu de ses habits pontificaux. Auprès de lui on distinguait son écu : d'azur à trois épis de blé d'or mis en pal, au chef cousu de gueules, chargé de trois étoiles d'or mises en fasce.

1510. *

Gilles DAMOURETTES, marchand, receveur de Rubempré :

Seur (2) boulevert contre tous ennemys.

d'Amiens, eut d'abord pour suffragant et grand vicaire l'évêque d'Hébron, Nicole de la Couture ; après la mort de ce dernier, Nicolas de Lagrenée, originaire d'Amiens, abbé de saint Jean-les-Amiens, et aussi évêque titulaire d'Hébron, remplit auprès de l'évêque d'Amiens les mêmes fonctions.

(1) *Ms. de Pagés*, tome 1er, 1er dial. p. 61.

(2) Sûr.

Pagés (1) loue la beauté de la peinture. La façade de la cathédrale d'Amiens, dit-il, y est représentée avec une délicatesse admirable; on y remarque aussi d'anciennes fortifications et les tours *à l'antique* de la ville d'Amiens.

Dans la 43ᵉ miniature du manuscrit, la sainte Vierge est placée sur la plus haute tour d'une ville fortifiée, dont la porte se distingue par son élégance; dans les airs et autour de la Vierge volent des anges armés d'arcs, de glaives, et qui paraissent combattre. Des hommes et des femmes de toute condition, placés sur le devant du tableau, hors de la ville, semblent jouir du repos sous la protection de la sainte Vierge.

Dans l'ouvrage intitulé *Monnaies inconnues des évêques des Innocents*, etc., on trouve le dessin d'une pièce de plomb, probablement un méreau (2), que Gilles Damourettes avait fait frapper pendant sa maîtrise. Ce *plomb vil* a été plus respecté que le beau tableau qu'il avait fait peindre, et dont la coupable conduite des chanoines de la cathédrale a causé la perte.

1511.

Antoine DE ROCOURT, prêtre, licencié és-lois et en décret, chanoine d'Amiens, seigneur de Bouteillerie-lès-Amiens :

Au souverain Seigneur de tout le monde.

(1) *Ms. de Pagés,* tome 1ᵉʳ, 2ᵉ dial., p. 17.

(2) (Voir l'appendice nº 5). — Cette médaille, dessinée sous le nº 78 dans l'ouvrage des *Monnaies,* etc., fait partie de la collection de médailles léguée par M. Rigollot à la Société des Antiquaires de Picardie.   A. BR.

Dans ce tableau, dit Pagés (1), la sainte Vierge, tenant son fils dans ses bras, est placée au centre d'un globe terraqué ; les cieux circulent autour de la terre immobile, suivant le système de Ptolémée.

Le donateur est représenté à genoux, vêtu d'une soutane écarlate, que l'on distingue à travers le surplis fait d'une fine toile. Auprès de lui sont ses armes. Il porte d'azur, à la croix pleine d'argent, cantonnée de quatre roues de trois quarts.

Sur la 40ᵉ miniature du manuscrit, la Vierge, entourée d'un nombreux chœur d'anges, est placée debout devant les degrés d'une construction légère. Ses pieds posent sur une surface renfermant un double cercle et figurant le monde terrestre et céleste. Sur le devant du tableau se trouvent des personnes de diverses conditions, parmi lesquelles on distingue un pape et un cardinal.

Pagés nous apprend que sur les volets du tableau de M. de Rocourt (volets détachés en 1709), on avait peint avec une exquise délicatesse les six âges du monde, et spécialement la création de la femme, que le Père éternel formait avec une côte d'Adam. Il ajoute que, derrière ces volets, l'artiste avait représenté le Jugement universel avec la rémunération des bons et la punition des méchants.

1512.

Jacques LE COUSTELLIER, marchand :

Mont de Liban à l'homme consolable.

La 34ᵉ miniature du manuscrit montre la sainte Vierge

(1) *Ms. de Pagés*, tome 1ᵉʳ, 2ᵉ dial., p. 44.

debout avec son enfant, au milieu d'une petite île. Sur le rivage, séparé de l'île par un petit espace, se trouvent des personnages de toute condition, roi, pape, cardinaux, etc., qui implorent la Vierge.

Le donateur est revêtu d'une robe grise.

1513. *

Pierre Cousin, procureur en la cour spirituelle :

Clavigère du royalme céleste (1).

Ce tableau, dit Pagés (2), est d'un beau coloris ; la perspective en est bien ménagée, et les figures ont des attitudes naturelles ; mais les connaisseurs trouvent que la tête de la Vierge est un peu trop grosse, en proportion des autres parties du corps. Sur les piédestaux de deux colonnes peintes dans le tableau, on lisait ces mots : *Par grand labeur*. L'explication s'en trouve dans une tradition intéressante, suivant laquelle le tableau aurait été l'œuvre d'un jeune garçon qui, sans avoir jamais appris la peinture, l'aurait achevé après trois années consécutives de travail.

M. Dusevel possède un fragment de ce curieux tableau. On y voit le donateur agenouillé, et quelques autres personnages. On y trouve aussi quelques détails d'architecture dans le goût de la Renaissance. La peinture n'est pas sans mérite, et il est difficile de croire qu'elle soit l'œuvre d'un homme totalement étranger à la pratique de l'art. L'écu de Cousin, appendu à une colonne, est parfaitement conservé dans ce débris de tableau. Le maître du

(1) *Clavis David, quæ cœlum aperis.*
(2) *Ms. de Pagés*, tome 1er, 2e dial., p. 25.

Puy porte : d'or au chevron de gueules, chargé d'une étoile à cinq rais et deux trèfles d'or, et accompagné de trois cœurs de gueules, deux en chef et un en pointe.

Dans la 41e miniature, la sainte Vierge, placée sous un léger édifice de style gothique, fait tenir une clef à l'enfant Jésus. Deux anges exécutent un concert ; l'un d'eux pince la harpe et l'autre touche l'orgue. Derrière Marie se tiennent debout trois femmes nimbées. La première tient un glaive, la seconde une sorte de puits, d'où sort à demi un dauphin ; la troisième, vêtue en religieuse, tient un livre. Nous présumons que ces trois personnages représentent la Force, la Bonté et la Sagesse, qui sont désignées dans la strophe suivante du chant royal :

Trois portes sont en déité affable,
Que Marie œuvre aux humains franchement.
La première est Puissance *insupérable,*
Que a vice faict résister vaillamment.
Sapience *est seconde, et curieuse*
Aux ignorans donner science heureuse,
Et la tierce est la clémente Bonté
Du Sainct-Esperit, lequel par sa pité
A nous pécheurs souvent se manifeste,
Prouvant la Vierge à la réalité
Clavigère du royalme céleste.

Des hommes et des femmes occupent à droite et à gauche le devant de la miniature.

Le donateur porte une robe noire.

1514.

Michel LALOYER, marchand drapier-chaussetier :

Aux desvetus gracieuse DRAPIÈRE.

Dans la 42ᵉ miniature du manuscrit, reproduite sur la planche xxxii de la 9ᵉ série de l'Album des *Arts au moyen-âge*, la sainte Vierge, debout devant un comptoir, sur lequel elle a posé l'enfant Jésus, tient dans la main droite une aune ; elle s'apprête à mesurer une pièce de riche étoffe, qu'une femme place sur ce comptoir.

Trois femmes à droite et autant à gauche, occupant des comptoirs latéraux, manient des étoffes de diverses couleurs.

Sur le devant, des personnes de moyenne condition se rendent au magasin de draperie.

Le donateur, agenouillé, porte une robe brune.

1515.

Antoine Louvel, marchand :

Mère de grâce et de miséricorde.

La 44ᵉ miniature du manuscrit représente la Vierge assise sur une chaire d'or, entourée d'anges ; elle semble, ainsi que l'enfant Jésus, donner à deux jeunes dames des lettres de grâce, que celles-ci remettent à leur tour à des personnages placés derrière elles. Aux pieds de la Vierge, quatre anges exécutent un concert de musique. Sur le devant du tableau, des hommes et des femmes paraissent appartenir à la famille du donateur ; une petite fille, placée en face de lui, est accompagnée d'un oiseau, sans doute un héron.

Le donateur est vêtu de noir.

Dans le tableau de la cathédrale, outre le portrait du donateur, dont les armes étaient d'or, à trois têtes de louve de sable, deux et une, on voyait, au témoignage de Pagés (1), plusieurs dames de la famille d'Antoine Louvel. Elles portaient des ceintures dorées, et elles étaient habillées *magnifiquement et majestueusement*.

Avec la description relative au tableau de 1515, nous avons épuisé la série des miniatures renfermées dans le manuscrit de la bibliothèque impériale.

1516.

Antoine DARDRE, procureur, conseiller au bailliage :

Arc céleste des humains l'assurance.

Dans le tableau, la sainte Vierge était comparée à l'arc-en-ciel, que Dieu avait donné comme gage d'alliance avec Noé. Les carnations des figures sont vives et naturelles, dit Pagés (2). On remarquait, parmi les personnages, le bedeau de la Confrérie, portant suspendue à sa manche l'image d'argent de la Vierge (3).

Le tableau était accompagné de deux volets peints en clair-obscur ou en grisaille, sur lesquels le peintre avait représenté divers traits de la vie de saint Antoine, patron du donateur.

1517.

Antoine DE SAINT-DELIS, lieutenant-général du bailliage

(1) *Ms. de Pagés*, tome 1er, 2e dial., p. 52.

(2) *Pagés*, tome 1er, 2e dial., p. 8, et tome 2e, 5e dial., p. 159.

(3) Voir la *Confrérie du Puy*, par M. A. Breuil, tome XIII des *Mém. des Antiq. de Picardie*, note de la page 515.

d'Amiens, conseiller du roi, seigneur d'Heucourt (1) et d'Havernas (2) :

Humble ancelle (3) du haut Seigneur prévue.

Pagés (4) se borne à indiquer l'existence du tableau dans la cathédrale.

1518.*

Antoine Picquet, conseiller, procureur du roi :

Au juste poids véritable balance.

Le tableau d'Antoine Picquet passait pour être un des plus remarquables. La sainte Vierge, portant entre ses bras Jésus-Christ, en occupe le milieu ; le Père éternel, placé dans une nuée, tient devant elle une balance, et l'enfant Jésus tient les cordons de l'un des bassins. Les Vertus, représentées par de jeunes filles, retirent de ces bassins plusieurs couronnes, qu'elles distribuent à ceux qui les ont méritées. Sur un des côtés du tableau, on voit le roi François Ier, avec Madame d'Angoulême, son fou Triboulet, des seigneurs, le pape, des cardinaux, des évêques. Au bas on remarque le donateur entouré des personnes de sa famille et avec l'écu de ses armes. Il porte d'azur à la bande de gueules, chargée de trois vases d'or, accompa-

(1) Heucourt, aujourd'hui commune du canton d'Oisemont, arrondissement d'Amiens.

(2) Havernas, commune du canton de Domart, arrondissement de Doullens.

(3) *Ancilla*, servante.

(4) *Ms. de Pagés*, tome Ier, 2e dial., p. 55.

gnée de huit trèfles de même. Les figures, dit Pagés (1),
sont peintes très-délicatement ; la perspective aérienne et
la dégradation des couleurs sont parfaitement observées ;
le lointain du paysage est si bien représenté, que l'œil y
fait plus de chemin en un moment qu'on ne pourrait en
parcourir dans l'espace de plusieurs heures.

Le tableau d'Antoine Picquet est au nombre de ceux qui
sont conservés à l'évêché d'Amiens. Il a été lithographié
sur la planche 35 de la 6ᵉ série des *Arts au moyen-âge*, de
M. du Sommerard.

Cette peinture et celles de 1519 et de 1520 sont dues au
même artiste ; il a placé son portrait dans la première et
la dernière.

Le cadre, conservé au musée de la Société des Antiquaires de Picardie, est l'un des trois cadres que Mᵐᵉ la
duchesse de Berry a bien voulu remettre à cette Société.
Nous en offrons le dessin ainsi que celui du tableau dans
la planche IV.

1519. *

Andrieu DESPRÉS, prêtre, licencié en décret, avocat en
la Cour de l'Évêché d'Amiens.

PRÉ ministrant pâture salutaire.

Ce tableau, conservé à l'évêché d'Amiens et lithographié sur la planche XXXIII de la 6ᵉ série des *Arts au moyen-
âge*, était, du temps de Pagés (2), regardé comme un des

(1) *Pagés*, tome 1ᵉʳ, 2ᵉ dial., p. 59.
(2) *Pagés*, tome 1ᵉʳ, 2ᵉ dial., p. 2.

plus beaux de la collection. La Vierge, dit-il, y est représentée assise, donnant le sein à l'enfant Jésus. Un charmant paysage occupe le lointain ; les eaux tranquilles
d'une rivière, serpentant dans de vastes prairies, rafraî-
chissent les lieux qu'elles arrosent ; elles servent de pro-
menoir à des cygnes qui se baignent et se mirent dans
leur cristal ; des personnes, placées dans de petites barques, goûtent le plaisir que donne cette nature enchante-
resse ; des châteaux, des maisons, des jardins, des bocages,
concourent à l'effet agréable du tableau. Le coloris tendre,
naturel, n'est pas un de ses moindres mérites.

A. Després porte d'azur au chevron d'or, accompagné
d'un soleil et d'une lune posés en chef, et d'une étoile posée
en pointe, le tout d'or.

Pagés ne s'est occupé que du joli paysage qui occupe le
plan supérieur de la peinture ; mais que de choses restent
à dire pour louer les autres parties de ce délicieux tableau ! Au sommet, le Père éternel paraît dans les nuages ;
le Christ est assis à son côté ; le Saint-Esprit, sous forme de
colombe, plane au-dessous d'eux ; il est environné de
rayons qui s'épandent sur les eaux et sur les prairies ;
l'herbe verdoie, les fleurs éclosent, les visages sourient ;
tout s'anime, tout prend un air de fête autour de la Vierge,
assise au centre du tableau, et qui donne le sein à l'enfant
Jésus. Comme la charmante figure de Marie respire la
candeur et la chasteté ! Quelle dignité modeste dans son
attitude ! Que de grâces aussi dans les quatre femmes qui
entourent la Vierge et qui tiennent, l'une un oiseau sur la
main, les autres des fleurs !

Les personnages du premier plan, groupés autour du

donateur et portant chacun leur bouquet, sont tous d'une exécution très-remarquable. Délicatesse de dessin, noblesse d'attitudes, sentiment religieux empreint sur toutes les physionomies, couleurs harmonieuses, parfaitement fondues dans la masse, tels sont les mérites qu'on ne se lasse pas d'admirer.

Le cadre de ce beau tableau est resté en la possession de Mme la duchesse de Berry.

1520. *

Nicolas LE CARON, prêtre, conseiller :

Palme eslute du Sauveur pour victoire.

« C'est, dit Pagés (1), un des plus remarquables tableaux de la cathédrale par la quantité des figures et l'habileté avec laquelle elles sont peintes. On y voit une partie de la ville d'Amiens. Le profil de la façade et d'un des côtés de la cathédrale est peint avec tant de délicatesse, que ce superbe édifice n'occupe pas plus de quatre pouces sur la toile, quoique les parties les plus petites y soient exactement représentées. Une grande rivière est toute chargée de vaisseaux : les uns voguent tranquillement sur les eaux ; les autres, plus rapprochés de la ville, mettent à terre plusieurs soldats armés de toutes pièces. Ces guerriers se battent contre d'autres qui veulent les empêcher d'entrer dans la place, dont les fortifications sont nettement dessinées. D'un côté du tableau s'offre un château bâti sur une hauteur couverte d'un bois, et parmi les arbres on découvre la maison du prieuré de Saint-Remi-

(1) *Ms. de Pagés*, tome 1er, 2e dial., p. 58.

au-Bois, communément appelé Notre-Dame-de-Grâce ou le prieuré de l'Hermitage-Ringuet, ainsi qu'il est désigné dans le procès-verbal de la *Réformation et rédaction des Coutumes tant générales que particulières du bailliage d'Amiens.*

De l'autre côté du tableau on voit une large campagne, embellie de bocages, une église et quelques autres bâtiments.

Dans le bas, sur le premier plan, de nombreuses figures sont peintes avec des attitudes si habilement diversifiées, qu'il est plus facile de les admirer que de les décrire. Quelques-unes ont tant de relief, qu'elles paraissent sortir du tableau ; d'autres semblent se perdre dans le lointain.

La figure de la Vierge, plus grande que les autres, est placée dans le milieu, sous un *palmier,* dont le tronc et les branches s'élèvent à une hauteur remarquable.

Le donateur est peint avec sa famille. »

Disons à notre tour que le talent du peintre des tableaux de 1518 et 1519 n'a pas faibli dans le tableau de 1520, conservé à l'évêché. La délicatesse du pinceau se fait remarquer dans les carnations. Les nombreuses figures du premier plan sont des miniatures charmantes, pleines d'expression et de sentiment religieux.

Le cadre magnifique du tableau a été remis par Mme la duchesse de Berry à la Société des Antiquaires de Picardie. Il est dessiné, ainsi que le tableau, sur la planche v.

1521.*

Laurent Le Boulengier (dit Georges), bourgeois et marchand :

Le vrai support de toute créature.

Pagés (1) trouve le tableau très-beau ; il en admire surtout l'agréable paysage, auquel il fait l'application d'une strophe empruntée à l'ode de Lamothe sur la Peinture.

> *Mais d'où vient qu'ici me surprennent*
> *Ces prés, ces bois et ces vallons?*
> *Mes regards au loin se promènent*
> *A travers de vastes sillons ;*
> *Je vois les fontaines riantes,*
> *Coulant des roches blanchissantes,*
> *Abreuver des champs altérés ;*
> *Par quel art un si court espace,*
> *Que ma main touche et qu'elle embrasse*
> *Lasse-t-il mes yeux égarés ?*

Ce grand tableau, qui fait partie de la collection de l'évêché, pourrait bien aussi avoir eu pour auteur le peintre des trois tableaux précédents ; il est malheusement presque perdu par suite des dégradations qu'il a subies. Toute la peinture du milieu est tombée en s'écaillant. La tête du donateur et celle de sa femme sont encore intactes. Cette dernière est fort jolie. — Le cadre, moins beau que celui de 1520, a été remis à la Société des Antiquaires de Picardie par Madame la duchesse de Berry ; il est dessiné sur la planche VI, qui reproduit également le tableau d'après un croquis, heureusement pris par MM. Duthoit, il y a vingt ans.

1522.

Jacques BLOUCQUEL, curé de Sentelie (2), trésorier de la cathédrale.

Digne BOUCLIER de valeur et défense.

(1) *Ms. de Pagés*, tome 1er, 2e dial., p. 11.

(2) Sentelie, aujourd'hui commune du canton de Conty, arrondissement d'Amiens.

La sainte Vierge peut nous garantir des affreux malheurs de la guerre. Cette puissance spéciale était glorifiée dans le tableau de 1522, où l'artiste avait peint dans le fond une ville tout en feu, et, sur le devant, une bataille avec ses sanglantes horreurs.

1523.

Robert DU GARD, avocat, conseiller du Roi, bailli du temporel de l'évêché, et de la baronie et châtellenie de Picquigny.

Loi de clémence au pécheur convenable.

Suivant Pagés (1), le cadre du grand tableau de R. du Gard se distinguait par sa sculpture dans le genre gothique ; mais la peinture de ce tableau était à demi effacée.

1524.

Hugues DE LA RUE, avocat au siège du bailliage, écuyer, seigneur de la Motte en Beauvaisis.

Rets sans fracture au fils de Dieu propice.

Simple mention du tableau dans Pagés (2). H. de la Rue portait écartelé au 1er et au 4e de gueules à trois fasces d'argent ; au 2e et au 3e d'azur chargé de six boules d'or, 3, 2 et 1.

1525. *

Philippe DE CONTI, licencié ès-lois, seigneur du Fores-

(1) *Ms. de Pagés*, tome 1er, 2e dial. p. 44.
(2) *Ms. de Pagés*, tome 1er, 2e dial. p. 59.

tel, du Quesnoy et Damery (1), capitaine des arbalétriers d'Amiens, mayeur en 1522.

Pour notre loy militante COMTESSE.

Le tableau de Philippe de Conti existe encore à l'évêché ; il a été lithographié sur la planche IX de l'Atlas *des Arts au moyen-âge*, chap. VI.

Cette peinture représente un tournoi. Des pages et des valets, aux extrémités de la carrière, portent les écus de leurs maîtres, ornés de leurs émaux et couleurs. Les tambours battent, les trompettes sonnent, les fifres jouent. Sous une espèce de tente, sont placés les juges du camp. La sainte Vierge et son fils, au milieu du tableau, distribuent les prix aux vainqueurs.

Pagés (2) rappelle que, le 3 mars 1459, le comte de Charolais fit publier un tournoi dans la ville d'Amiens, où se trouvèrent plusieurs seigneurs de haute distinction ; il pense que le tableau qui nous occupe pourrait avoir été inspiré par le souvenir de cette solennité locale. Il nous semble difficile d'admettre une telle supposition, car soixante-six ans s'étaient écoulés entre 1459 et 1525, époque du tableau. Le souvenir du tournoi devait être bien affaibli dans Amiens.

(1) Le Forestel, autrefois maison seigneuriale et forêt dans le Santerre, près de Courtemanche (canton et arrondissement de Montdidier).

— Le Quesnoy-en-Santerre, annexe de Parvillers, canton de Rosières, arrondissement de Montdidier.

— Damery, aujourd'hui commune du canton de Roye, arrondissement de Montdidier.

(2) *Ms. de Pagés*, tome 1er, 2e dial. p. 49.

On lit dans le tome 5 , p. 123, des *Arts au moyen-âge,*
que le tableau de Philippe de Conti représente les fêtes
et tournois donnés à Amiens lors du passage de François Ier, à sa sortie des prisons de Madrid. Cette assertion
est démentie par l'histoire. En effet, François Ier se trouvait encore prisonnier à Madrid , en 1525 ; il fut rendu à
la liberté le 18 mars 1526 et vint à Amiens en 1527.

Du reste , M. du Sommerard , en faisant reproduire le
tableau dans son ouvrage a reconnu le haut mérite qui le
distingue. La composition est très-riche et très-variée ;
les attitudes des personnages du premier plan sont belles
et nobles ; le second plan se fait remarquer par un mouvement plein de vérité. Les couleurs sont beaucoup moins
fondues que dans les tableaux de 1518 , 1519 et 1520 ;
mais elles devaient être très-vives , et l'on regrette que le
temps et le soleil en aient terni l'éclat.

Dans le refrain :

Pour notre loy militante COMTESSE,

Philippe de Conti avait fait un jeu de mots sur son nom
de famille. Cette noble famille est fort ancienne. Guillaume de Conti fut plusieurs fois mayeur d'Amiens. Jean
de Conti et Pierre de Conti remplirent les mêmes fonctions ; enfin , le donateur du tableau , Philippe, occupa
cette magistrature en 1522.

Il est représenté au bas de son tableau avec l'écu de ses
armes. Il porte d'or , au lion de gueules rampant.

1526.

Philippe Matissart, marchand de vins, à l'enseigne des
Verds cercles, sur le grand-Marché :

CERCLE au vaisseau du vin de Sapience.

Pagés (1) se borne à indiquer l'existence du tableau.

On sait d'ailleurs que l'enfant Jésus y était représenté assis sur un tonneau.

1527.

Christophe de Lameth, chanoine d'Amiens et de Noyon :

Au roi des rois couronne glorieuse.

Dans son tableau , au goût duquel Pagés (2) rend justice , Esther , vêtue de ses plus riches habits , le diadème sur la tête , se jetait aux pieds d'Assuérus , pour obtenir de lui la révocation de l'édit contre les Juifs.

Les armes de Hénencourt figuraient dans le tableau. Hénencourt porte : écartelé aux 1 et 4 d'argent à trois maillets de sable ; aux 2 et 3 de Beauvoir , qui est d'argent à deux bandes de gueules , le tout d'or à trois maillets de gueules (3).

1529.

Pierre Favre ou Faure, écuyer, receveur-général de Picardie :

Du très-haut FAVRE admirable artifice.

Son tableau peint délicatement, et dont le lointain était

(1) *Ms. de Pagés,* tome 1er, 2e dial. p. 51, et aussi tome 2e, 5e dial. p. 162.

(2) Pagés , t. 1er , 1er dial. p. 82.

(3) Les armes de Ch. de Lameth, décrites par Pagés lui-même, dans le détail qu'il donne des 28 écus figurant sur le piédestal de la Vierge d'argent, sont : de gueules à la bande d'argent , accompagnée de six croix recroisettées de même.

fort bien touché (1), offrait un beau temple de figure polygone, consacré à la Vierge. On en remarquait les trois dômes, placés l'un sur l'autre. Marie, représentée en pied, et tenant son fils entre ses bras, était placée dans le vestibule de ce temple.

1533.

François BIDARE, licencié-es-lois, avocat :

Du vrai amant la toute belle amie.

La sainte Vierge était considérée dans le tableau comme l'objet du plus grand amour de son cher fils. Un charmant paysage embellissait le fond de cette peinture, et le lointain en était fort agréable (2).

1534.

Charles LECLERC, diacre, bachelier en décret et chapelain de Notre-Dame :

Myrrhe donnant odeur incomparable (3).

Ce tableau, selon Pagés (4), était un des plus remarquables de la cathédrale. Des palais superbes, des châteaux d'une architecture magnifique, bâtis dans le voisinage de belles rivières, y formaient un lointain agréable. Le donateur était représenté à genoux, revêtu d'un surplis. On le voyait entouré de ses parents, dont les portraits se re-

---

(1) *Ms. de Pagés*, tome 1er, 2e dial. p. 55.

(2) *Pagés*, tome 1er, 2e dial. p. 4.

(3) *Sicut mirra electa, dedi suavitatem odoris. Eccles.* cap. 24, vers. 20.

(4) *Ms. de Pagés*, tome 1er, 2e dial. p. 25.

commandaient par la carnation naturelle, le coloris tendre, et donnaient au tableau son principal mérite.

Sur le prie-Dieu du jeune ecclésiastique, l'artiste avait peint ses armes. Il portait d'azur à la bande d'or accompagnée d'une aigle de même, posée au côté gauche du chef, et à la rose d'or posée au côté droit de la pointe.

1535.

Hugues CORDIER, bourgeois et marchand cordier :

Contre ennemis forte et terrible armée (1).

La Vierge est considérée avec la sainte église sous l'image d'une armée rangée en bataille. Elle est représentée tenant son fils entre ses bras. D'un côté, l'on voit plusieurs escadrons et bataillons rangés en bataille, dans les intervalles desquels sont disposées des pièces de campagne ; de l'autre côté, un petit escadron, dont les cavaliers et gendarmes sont montés sur diverses espèces d'animaux symbolisant les péchés mortels. Ainsi la luxure est figurée par un bouc, la gourmandise par un porc, la paresse par un âne, etc.

Ce tableau, dit Pagés (2), est un des plus beaux de la cathédrale ; on y admire le nombre des figures, leur coloris, leurs attitudes naturelles ; l'architecture délicate d'un palais que l'artiste y a placé ; enfin une mer tran-

(1) *Terribilis ut castrorum acies ordinata.* Cant. cap. 6. vers. 3. — Le tableau de Cordier et sa devise renfermaient une allusion historique. Voir *la Confrérie du Puy*, par M. A. Breuil ; *Mém. des Antiq. de Picardie ;* tome XIII, p. 544 et 545.

(2) *Ms. de Pagés*, tome 1er, 2e dial. p. 42.

quille, dans le lointain de laquelle la vue semble se perdre.

1536.

Frémin Pinguerel, bourgeois et marchand :

Heureuse nef dont Dieu est le pilote.

Ce tableau montre un grand navire armé et équipé. La Vierge, tenant son fils entre ses bras, est représentée en pied sur le pont ; les anges font la manœuvre. Les voiles sont amenées et pliées, parce que la mer est tranquille. On aperçoit sur ses bords une grande ville avec un beau port, orné de son môle et défendu par des tours et des bastions (1).

1537.

Pierre Dupeutel, dit Blondelet, marchand pâtissier, ou cuisinier. (Mort en 1567.)

Du saint convive agréable maîtresse.

Par le mystère de l'incarnation du fils de Dieu dans les chastes entrailles de la Vierge, elle nous a donné cette nourriture céleste que nous goûtons dans le festin spirituel de l'Eucharistie, et à l'occasion de laquelle l'Église chante si souvent ces belles paroles : *ô sacrum convivium in quo Christus sumitur !* Pagés explique par ces réflexions la devise et le sujet du tableau de Dupeutel (2). Nous croyons que cette devise renfermait aussi une allusion à sa profession et à un magnifique repas, pour la préparation du-

(1) *Ms. de Pagés*, tome 1er, 2e dial. p. 7.
(2) *Pagés*, tome 1er, 2e dial. p. 8, et tome 2, 5e dial. p. 163.

quel il avait rempli les fonctions de maître-Queux (1).

Dupeutel avait pour armoiries : de gueules à la meulette d'or accompagnée de deux lardoirs de même, mis en pal, la pointe en bas ; elles figuraient dans son tableau.

1538.

Nicolas LE BOULENGIER , bourgeois et marchand :

Trône excellent pour le Roi pacifique (2).

Dans le tableau de ce maître, la Vierge, tenant son fils entre ses bras, est représentée assise, sur un trône d'ivoire très-élevé et revêtu d'or pur, semblable à celui que se fit construire le roi Salomon ; sur les marches, on voit six lionceaux d'or de chaque côté, avec deux autres plus petits, à droite et à gauche. M. le Boulengier portait : d'or au chevron de sable, accompagné de trois marteaux de même, deux et un (3).

1539.

Louis DUFRESNE , marchand drapier.

Dame de paix où toute joie abonde.

Son tableau représentait la Nativité de N. Seigneur.

1540.

Jean Langlès , notaire en la Cour spirituelle d'Amiens, secrétaire du chapitre de la Cathédrale.

Tronc général de plénière indulgence.

(1) Voir la *Confrérie du Puy*, par M. A. Breuil ; *Mém. des Antiq. de Picardie*, tome XIII, p. 547.

(2) Dans le petit office de l'immaculée Conception, la Vierge est appelée *Trône de Salomon*. — Note de M. A. Janvier.

(3) *Pagés*, tome 1er. 2e dial. p. 5.

Le cadre du tableau était orné de plusieurs petites statues en demi-bosse, dont le bois était délicatement sculpté, et qui représentaient les sept sacrements ; on y avait joint l'*Aumône*.

Jean Langlès portait : d'azur à la fasce d'or, accompagnée de trois singes ou enfants d'argent à demi-assis, ou les genoux pliés (1).

1541.

Robert BELLEJAMBE, hôtelier, à l'enseigne du *Pot d'Etain*.

POT pur portant potion précieuse.

Tableau mentionné par Pagés (2), sans détails.

La devise renfermait une allusion à l'enseigne du célèbre hôtel tenu par Bellejambe (3).

1543.

Pierre FAVERIN, avocat et sous-official de la Cour spirituelle, official de l'abbaye de St.-Jean-les-Amiens.

PIERRE d'autel portant la sainte hostie.

Melchisédech vient offrir à Abraham le pain et le vin. Sur une table de marbre blanc, dont les quatre pieds ou piliers ont pour supports les quatre évangélistes, l'enfant Jésus est debout, soutenu par sa mère et présentant une hostie (4).

---

(1) *Ms. de Pagés*, tome 1er, 2e dial. p. 51.

(2) *Ibid.*, tome 1er, 2e dial., p. 58, et aussi tome 2, 5e dial., p. 162.

(3) Voir la *Confrérie du Puy*, par M. A. Breuil; *Mém. des Antiq. de Picardie*, tome XIII, p. 519.

(4) *Ms. de Pagés*, tome 1er, 1er dial. p. 55.

1544.

Jean HOLLEBAULT, procureur en la Cour spirituelle.

HAULT BOIS donnant fruit en temps convenable.

Pagés (1) mentionne seulement le tableau.

1545.

Jean de MACHY, procureur et notaire en la Cour spirituelle.

Du saint Conseil salutaire concile.

Le concile de Trente ayant été convoqué et commencé
en 1545, M. de Machy fit peindre la Vierge tenant son
fils dans ses bras, et assise sur un trône placé au milieu
des Pères du Concile.

Ce maître du Puy portait : d'azur à l'ancre d'argent,
le bâton d'or accompagné de deux roses ou étoiles d'or
mises en chef (2).

1546. *

Jean PONÉE, bourgeois d'Amiens.

Reine régnante en liesse éternelle.

Son tableau, dit Pagés (3), avait pour sujet la transla-
tion de l'arche d'alliance et la mort foudroyante d'Oza,
qui n'avait pas craint de porter la main sur cette arche.
Par un singulier anachronisme, le peintre avait placé des
canons en batterie sur les fortifications de Jérusalem.

(1) *Ms. de Pagés*, tome 1er, 2e dial. p. 17.
(2)   *Ibid.,*   tome 1er, 2e dial. p. 55.
(3)   *Ibid.,*   tome 1er, 1er dial. p. 75 et 76.

Ces détails fournis par Pagés ne donnent qu'une idée fort incomplète du tableau, qui a été conservé, et qui se trouve à Paris, en la possession de M. Ledien, notre compatriote. — Au dernier plan, la sainte Vierge, assise sur les nuages, tient l'enfant Jésus dans ses bras. Des anges l'environnent et exécutent un concert. Au second plan, s'élève la ville de Jérusalem, vue à vol d'oiseau. Au-dessous de cette ville, le peintre a placé deux sujets ou deux scènes accessoires. La première, à gauche, est celle dont parle Pagés. L'arche d'alliance brille sur un chariot doré traîné par des bœufs, et devant lequel marche David, suivi du peuple d'Israël. Près de l'arche un homme est étendu par terre : c'est Oza, frappé de mort. — La scène, placée à droite, est moins facile à interpréter. Un roi est assis sur son trône, et devant lui s'agenouille une femme, accompagnée de femmes et d'hommes qui se tiennent debout.

Au premier plan du tableau, le donateur et sa femme sont à genoux, chacun devant un prie-Dieu. Ponée est vêtu d'une robe noire fourrée, il a une calotte sur la tête. Tous deux sont accompagnés de personnes de leur famille.

Le mari porte d'azur, au chevron d'or accompagné en chef de deux oiseaux de même, et en pointe d'un trèfle aussi d'or. La femme porte d'or à trois aigles de sable, deux et un. (Blasons communiqués par M. Goze).

La partie supérieure de ce beau et grand tableau a beaucoup souffert ; mais les têtes du premier plan, si remarquables par leur exécution fine, leur expression naïve et le sentiment religieux qui s'y trouve empreint, sont encore bien conservées.

1547. *

Jean TURBAIN ou TURBIN , prêtre et avocat en la Cour spirituelle, curé de Bovelles et de Fouilloy en Normandie, depuis official de l'évêché.

De Jésus-Christ élucide sacraire (1).

Pagés (2) se borne à mentionner ce tableau qui existe encore et qui orne le maître-autel de l'église d'Ovillers (canton d'Albert). D'après les renseignements qu'a bien voulu nous fournir notre collègue , M. de Valicourt , ce tableau ne paraît pas avoir beaucoup de mérite. Au dernier plan, la Vierge , environnée d'anges , tient l'enfant Jésus. Malheureusement , la tête de la mère de Dieu est presque disparue , par suite de l'écaillement de la peinture. David , saint Mathieu , saint Luc , ces deux derniers avec leur attribut, se remarquent parmi les personnages qui occupent les autres plans. La présence de saint Luc pourrait bien n'avoir d'autre cause que la syllabe *Luc* renfermée dans le troisième mot de la devise. — Le tableau , nous dit M. de Valicourt , a conservé son cadre, dont la sculpture, assez peu finie , est empâtée sous des couches épaisses de badigeon et de peinture. L'ensemble de ce cadre représente une sorte de frontispice.

1548.

Augustin COUSIN , prêtre et chapelain.

Triomphe exquis au chevalier fidèle.

_____

(1) *Lucidum sacrarium* , brillant sanctuaire.
(2) *Ms. de Pagés*, tome 1er, 2e dial. p. 11.

Le lointain du tableau de ce maître est embelli d'un agréable paysage. On voit la sainte Vierge portée dans un chariot d'or, enlevé au ciel par des chevaux également d'or, et, au-dessous, sur la terre, un grand serpent ou dragon à plusieurs têtes, qui semble vouloir s'élancer contre ce char.

L'architecture du cadre de ce tableau, faite de bois doré en sculpture, est soutenue par deux pilastres ou colonnes hermétiques, formées par deux statues de femme en demi-bosse, sortant de leurs gaînes (1).

1549.

Antoine LEMAIRE, prêtre et chapelain de Notre-Dame :

Moyen vers Dieu pour les péchés du monde.

Dans le tableau de ce maître on voyait le roi Henri II en habit de guerre (2).

1550.

Antoine PINGRÉ, bourgeois et marchand :

PIN GUÉrissant par son bon fruit nature.

Simple mention sans détails (3).

1551.

Grégoire LE SELLIER, bourgeois et marchand brasseur :

BRAS SEUR (sûr) et fort pour défense et victoire.

(1) *Ms. de Pagés,* tome 1er, 2e dial., p. 59.
(2) *Ibid.,* tome 1er, 2e dial., p. 25.
(3) *Ibid.,* tome 1er, 2e dial., p. 21.

On sait seulement que dans son tableau la sainte Vierge tenait l'enfant Jésus entre ses bras (1).

1552.

Pierre Pièce, bourgeois, marchand et apothicaire :

De Jésus-Christ vierge et mère féconde.

Il fit représenter dans son tableau Marie comme vierge et comme mère de Dieu (2).

1553.

Nicaise Marchant, tavernier, bourgeois et marchand :

Mère de Dieu, aux humains doux ombrage.

Simple mention (3).

1554.

Michel Laloyer, le jeune, bourgeois et marchand :

Vierge honorée en majesté royale.

Tableau représentant l'Adoration des Mages. — La Vierge, assise, tenant son enfant sur ses genoux, est placée au pied de deux grandes arcades richement ornées et accompagnées de festons (4).

1555.

Jean-Baptiste Le Maire, prêtre, chanoine de Notre-

---

(1) *Ms. de Pagés*, tome 1er, 2e dial., p. 61 et 62.
(2) *Ibid.*, tome 1er, 2e dial., p. 11.
(3) *Ibid.*, même dial., même page.
(4) *Ibid.*, tome 1er, 1er dial., p. 98.

Dame, de Saint-Firmin et de Saint-Nicolas, et chantre de Notre-Dame.

BAPTISTE eut joie au salut de Marie.

Tableau ayant pour sujet la Visitation de la Vierge (1). On voit au bas les portraits des trois papes Urbain VI, Boniface IX et Sixte IV, représentés à genoux, vêtus de leurs habits pontificaux et la tiare en tête (2).

1556.

Pierre ROGEAU, Elu :

Lait virginal nourrissant Dieu et homme.

La sainte Vierge allaitant l'enfant Jésus. — Très-beau coloris ; carnations vives et naturelles (3).

1557.

Antoine LE BEL, bourgeois :

Pour nous sauver BEL et heureux message.

La Salutation angélique est le sujet du tableau. On y voit aussi représentés Adam et Eve, pour faire comprendre que l'incarnation du Verbe doit nous délivrer de la mort éternelle, châtiment du crime de nos premiers parents. — Beau coloris, figures bien dessinées (4).

(1) *Ms. de Pagés,* tome 1er, 1er dial., p. 86, et 1er suppl., p. 22.

(2) Ces papes ont fondé la fête de la Visitation. — Note de M. A. Janvier.

(3) *Ms. de Pagés,* tome 1er, 2e dial., p. 21.

(4) *Ibid.,* tome 1er, 1er dial., p. 85.

1558.

Jean PONÉE, prêtre, vicaire de la collégiale de Saint-Firmin-le-Confesseur :

Verge florie à Joseph épousée.

Le mariage de la sainte Vierge. — Saint Joseph tient à la main une verge fleurie. L'air des figures est grand et majestueux ; le coloris et les carnations sont naturels. Le peintre a représenté l'intérieur d'un temple dont l'architecture est fort belle (1).

1559.

Jessé ANDRIEU, bourgeois et marchand apothicaire :

Germe à David, de JESSÉ la racine.

Tableau représentant un arbre de Jessé, dans les branches duquel l'artiste a peint des capitaines, des juges et des rois. — Les côtés du cadre sont ornés de deux pilastres ou colonnes hermétiques, qui sortent de leurs gaînes de bois doré et soutiennent l'architrave. La sculpture de ces colonnes est remarquable (2).

1560.

Jean LALOYER, bourgeois et marchand :

Pour son LOYER Vierge ès cieux couronnée.

Le sujet du tableau est le couronnement de la Vierge par les trois personnes de la Sainte-Trinité. Le peintre les a

---

(1) *Ms. de Pagés*, tome 1er, 1er dial., p. 84.
(2) *Ibid.*, tome 1er, 1er dial., p. 82.

représentées par trois figures humaines de même grandeur, de même âge, avec les mêmes traits et les mêmes habits (1).

Le cadre du tableau était accompagné, sur les côtés, de deux pilastres, au-devant desquels on voyait deux grandes statues soutenant chacune d'une main une corbeille de fleurs et de fruits posée sur leur tête, et tenant de l'autre main, l'une l'écu de France, l'autre le chiffre du donateur (2).

1561.

Mathieu OSTREN, marchand :

De mère et fils sibylles ont prédit.

La sainte Vierge en pied, tenant l'enfant Jésus, et ayant à ses côtés six sibylles dans une belle attitude. — Le coloris de toutes les figures est vif, les carnations bien naturelles. En résumé, le tableau est très-beau (3).

Pagés remarque que l'on voit des sibylles peintes sur les volets de plusieurs tableaux ; ordinairement une sibylle est placée à côté de la représentation d'un mystère ou d'une action de la vie de Jésus-Christ.

1562.

Gui PINGREL, bourgeois et marchand :

PIN portant fruit aux humains salutaire.

---

(1) Cette forme donnée à la Sainte-Trinité est remarquable. On la trouvait également dans un tableau qui décorait la grande salle du serment des arbalétriers amiénois. — Note de M. A. Janvier.

(2) *Ms. de Pagés*, tome 1er, 2e dial., p. 67.

(3) *Ibid.*, tome 1er, 1er dial., p. 94.

7.

Apparition du Seigneur à Abraham, devant la porte de
sa tente, sous le chêne de Mambré. Dans le lointain, le
peintre a représenté la vallée de Mambré. « Il me semble,
dit Pagés (1), que, dans l'autre côté du même tableau, on
voit le prophète Elie, couché sur l'herbe, à qui un ange
présente un *pain*. Cet aliment doit lui donner assez de
force pour arriver, par divers détours, à la montagne
d'Horeb, après avoir erré dans la solitude pendant quarante jours et quarante nuits de marche. »

Le cadre du tableau, en bois doré, est orné d'une façon
particulière. Deux colonnes accouplées et cannelées,
d'ordre ionique, portent chacune sur leur chapiteau deux
enfants nus, qui soutiennent eux-mêmes avec leur tête un
autre chapiteau, d'ordre ionique.

1563.

Jean DE COLLEMONT, bourgeois et marchand, mayeur
d'Amiens en 1571, 1578, 1580, 1587, 1588 :

Des cieux rosée en toison descendue.

Le miracle de la toison, alternativement sèche et hu-
mide, que Dieu opéra à la demande de Gédéon, était le
sujet de ce beau tableau. Le cadre était orné de deux statues de femmes en pied, sculptées en bois doré ; elles sup-
portaient l'entablement d'un fronton sphérique, et tenaient
d'une main un pan de leur robe, remplie de fleurs et de
fruits (2).

(1) *Ms. de Pagés*, tome 1er, 1er dial., p. 55.
(2) *Ibid.*, tome 1er, 1er dial., p. 63.

1564.

Mathieu LEDOUX , bourgeois :

LE DOUX issu du fort pour nourriture.

Adam et Eve ; Adam cueille le fruit défendu. — Le tableau représentait aussi Samson trouvant un rayon de miel dans la gueule du lion qu'il avait tué (1).

1565 ou 1566 (nouveau style).

Jean BRUNEL , marchand.

BRUNE je suis , toutefois douce et belle.

Nigra sum sed formosa : ce passage du Cantique des Cantiques a inspiré le tableau. Marie tient amoureusement son fils entre ses bras. Dans le lointain on aperçoit une agréable campagne , un troupeau de moutons renfermé dans un parc et des châteaux bâtis sur les sommets de quelques montagnes escarpées. — Ce tableau est un des plus estimés (2).

1567.*

Nicolas ROCHE, notaire royal et procureur au bailliage et siége présidial d'Amiens (3).

ROCHE d'où sort la fontaine d'eau vive.

Le tableau représentait Moïse faisant sortir l'eau du rocher. Le camp du peuple d'Israël y était peint d'une

(1) *Ms. de Pagés*, tome 1er, 1er dial., p. 52, et 2e dial., p. 61.
(2) *Ibid.*, t. 1er, 2e dial., p. 61.
(3) Voir *la Confr. du Puy*, par M. A. Breuil; *Mém. de la Soc. des Antiq. de Pic.*, t. XIII, p. 520.

manière fort délicate, avec des pavillons et des tentes de toutes couleurs. On voyait aussi la sainte Vierge, tenant son fils entre ses bras, et assise sur un rocher d'où coulaient de différents endroits des eaux abondantes. Un pape, un évêque, le roi de France, François II, et d'autres personnages, venaient recueillir dans des coupes l'eau jaillissante.

Le cadre était orné de deux colonnes hermétiques; les détails de sculpture, en harmonie avec le sujet, étaient rehaussés par une dorure éclatante (1).

Un tableau portant pour devise :

Roche d'où sort la fontaine d'eau vive

est conservé au musée de la Société des Antiquaires de Picardie ; mais les détails ne sont pas conformes à la description faite par Pagés. On y cherche inutilement le camp du peuple d'Israël, le roi de France, François II, etc.

Au dernier plan l'on voit la mer couverte de vaisseaux et sur le rivage une ville dominée par des montagnes. Le paysage ne manque pas de perspective.

Au-dessous la sainte Vierge est assise sur un rocher formant une sorte de banc semi-circulaire, d'où l'eau coule de toutes parts, et qui est superposé à un édicule élégant. Sous cet édicule se tient debout le Sauveur, que couvre seulement le manteau de pourpre de sa passion. De sa main gauche jaillissent à la fois du sang et de l'eau, recueillis dans des coupes et versés ensuite sur la tête des assistants.

(1) *Ms. de Pagés*, t. 1er, 1er dial. p. 62, et aussi t. 2, 5e dial., p. 163.

Le sang et l'eau jaillissent aussi du côté droit du Christ et tombent dans un baptistère , où un enfant est baptisé par un évêque.

Au second plan du tableau , au-dessus du baptistère , Moïse est représenté frappant le rocher de sa baguette. La peinture est , du reste , assez médiocre.

1568.

Robert DE SACHY , sieur d'Haudvillers , bourgeois , marchand drapier, échevin.

CHASSIS où luit le SOLEIL de justice.

La sainte Vierge , en devenant mère , n'a rien perdu de sa virginité : *Neque sidus radio , neque virgo filio fit corrupta.* Jésus-Christ est sorti du chaste sein de Marie , comme le rayon de soleil passe à travers le verre sans l'altérer. C'est cette idée qui avait inspiré le tableau de R. de Sachy. Il y était peint vêtu de la robe d'échevin ; on remarquait sa physionomie heureuse, son air grave, qu'une longue barbe noire rendait encore plus imposant.

Le cadre du tableau était orné de deux statues isolées, en bois doré, représentant deux dryades ou nymphes des bois , au pied fourchu posé sur une tortue (1). La devise du maître renferme une allusion à son nom et aux an-

(1) *Ms. de Pagés*, t. 1er, 2e dial., p. 11 ; voir aussi le 2e supplt., p. 31. — On peut, selon Pagés , donner de ces figures de nymphes différentes explications. Peut-être leurs pieds de biche sont-ils l'emblème de la légèreté du sexe ; peut-être aussi les tortues indiquent-elles que les femmes vertueuses doivent être retirées dans leur maison, comme ces animaux le sont dans leur écaille. La tortue est

ciennes armes de sa famille : d'azur à trois chassis de fe-
nêtre d'or, posés deux et un, accompagnés en chef d'un
soleil de même.

Les de Sachy, dit Pagés (1), portent présentement :
échiqueté d'argent et de sable à l'orle d'azur.

1569.

Jean Boistel, prêtre et chapelain de la cathédrale.

BOISTEL sacré, rempli de toute grâce.

Simple mention.

Ce maître portait : d'azur au boistel ou boisseau d'or (2).

1571.

Pierre Boistel, bourgeois et marchand.

Du peuple serf l'entière délivrance.

Esther, prosternée aux pieds d'Assuérus, implore en
faveur du peuple juif la miséricorde de ce prince.

Pierre Boistel porte d'azur, à une patte de griffon d'or
posée en chef, et à une croix recroisettée, aussi d'or,
posée en pointe, à la fasce d'argent chargée de trois merlettes de sable (3).

le symbole que l'on a donné à la *Vénus pudique*, placée dans le parc
de Versailles.

Enfin les deux figures pourraient représenter la Vitesse foulant
aux pieds la Lenteur, ou symboliser une alliance, une combinaison
de la Vitesse avec la Lenteur, équivalente pour le sens à la maxime :
festina lentè, hâte-toi lentement.

(1) *Ms. de Pagés*, t. 1er, 2e dial., p. 11.
(2) *Ibid.*, t. 1er, 2e dial., p. 49.
(3) *Ibid.*, t. 1er, 3e dial., p. 81.

1572.

Raoul GUÉBAIN ou GUÉBUIN, marchand draplier.

Vigne plantée au mont de sauvegarde.

Simple mention (1).

1573.

Charles LEFEBVRE ou LEFEUVRE (2).

Du FÈVRE grand, œuvre excédant nature.

Pagés (3) se contente de remarquer que les personnes
de la famille de M. Lefeuvre sont coiffées de chapeaux de
feutre, dont la forme, très-haute, est en façon de pain
de sucre, ce qui paraît une mode nouvelle de l'an 1573.
Dans les autres tableaux de la même époque, les hommes
sont représentés la tête nue, ou avec des toques, des
bonnets à larges bords, que l'on faisait en drap ou en
étoffe de soie, quelquefois de différentes couleurs.

1574.

Antoine PINGRÉ, bourgeois et marchand, et pour la
seconde fois maître du Puy.

Victoire en main d'une forte pucelle.

Sisara, général des Cananéens, est tué par Jaël, qui,
pendant son sommeil, lui enfonce un clou dans la tête.—
Le tableau représente aussi Jeanne d'Arc qui, secondée

(1) *Ms. de Pagés*, t. 1er, 2e dial., p. 11.
(2) Voir *la Confrérie du Puy*, par M. A Breuil, *Mém. de la Soc.
des Antiq. de Picardie*, t. XIII, p. 542.
(3) *Ms. de Pagés*, t. 1er, 2e dial., p. 17.

par des troupes françaises, défend vigoureusement contre les Anglais une tour placée à la tête d'un pont d'Orléans. Le cadre est orné de deux statues en bois doré, dont l'une représente le jeune David tenant d'une main sa fronde garnie d'une pierre, et de l'autre le sabre de Goliath. L'autre statue représente Judith (1).

1575.

Vincent CHARDON, bourgeois et marchand.

Tige d'où vient le CHARDON chasse-peste.

La sainte Vierge est comparée à la tige d'une plante qui passait pour avoir la vertu de chasser les maladies (2).

1576.

Nicolas CHOQUET, bourgeois et marchand.

Puissante tour où l'Éternel s'arrête.

Sanglante défaite de l'armée de Sennachérib. Pagés (3) fait remarquer que la défaite de l'armée Assyrienne est représentée comme ayant lieu pendant le jour, tandis que, suivant l'Écriture, elle eut lieu pendant la nuit. L'ange du Seigneur est peint tenant son épée d'une main et son bouclier de l'autre. Il vole au-dessus des troupes de Sennachérib, qui s'entretuent comme feraient des troupes ennemies.

Dans le même tableau on voit le meurtre d'Holopherne, et Judith tenant à la main l'épée et la tête de ce général.

(1) *Ms. de Pagés*, t. 1er, 1er dial., p. 63.
(2) *Ibid.*, t. 1er, 2e dial., p. 25.
(3) *Ibid.*, t. 1er, 1er dial., p. 78.

1578.

Alexandre Roche, procureur et notaire.

Ferme ROCHEr, produisant eau de grâce.

La Vierge est assise sur un rocher, d'où l'eau coule en abondance. Les petites colonnes qui ornent les côtés du cadre sont torses d'une manière toute particulière et semblent s'embrasser l'une l'autre par leur contour, ce qui fait que le milieu de leur fût porte à faux : disposition, dit Pagés (1), opposée aux règles de la bonne architecture.

Roche porte : d'azur, au chevron d'or, accompagné de trois roches, ou poissons d'argent, deux et une.

1579.

Nicolas DE BLANGIS, bourgeois et marchand.

Vierge au BLANC GIST, des humains l'asseurance.

Simple mention (2).

1580.

Louis PETIT, bourgeois et marchand.

Du plus PETIT et plus grand, fille et mère.

Pagés (3) se borne à dire que le tableau était de grande dimension.

1581.

Jean DUFRESNE, bourgeois et marchand.

FRESNE élevé par dessus toute plante.

(1) *Ms. de Pagés*, t. 1er, 2e dial., p. 55.
(2) *Ibid.*, t. 1er, 2e dial., p. 48.
(3) *Ibid.*, t. 1er, 2e dial., p. 62.

L'Assomption de la Vierge. — Les apôtres , réunis autour du tombeau de Marie , y cherchent son corps , qui s'élève vers le ciel. A côté de cette assomption le peintre a placé la résurrection du Christ. Le donateur est représenté avec sa famille. Suivant la remarque de Pagés (1), les hommes , au lieu de porter des chapeaux en pointe comme dans le tableau de Lefeuvre , portent des chapeaux à petits bords et à forme basse.

1582.

Jacques FOURNIER , chirurgien.

Au languissant onction gracieuse.

Jésus rendant la santé au paralytique , près de la piscine. — Le peintre a joint à ce sujet la parabole du Samaritain ; mais, au lieu du Samaritain, c'est l'enfant Jésus lui-même qui verse l'huile et le vin sur les plaies du voyageur.

Le donateur est peint avec sa famille (2).

1584.

Charles DE SACHY , sieur d'Haudvillers , bourgeois et marchand.

Miroir parfait où le peuple se mire.

La sainte Vierge , miroir de perfection. — Tableau de moyenne grandeur ; coloris tendre et délicat (3).

1585.

Jean PÉCOUL , bourgeois et marchand.

Sujet certain de la foi toujours vive.

(1) *Ms. de Pagés*, t. 1.er, 2.e dialog. p. 17 et 65.
(2) *Ibid.*, t. 1.er, 2.e dial. p. 58.
(3) *Ibid.*, t. 1.er, 2.e dial. p. 32.

Suivant Pagés (1), le tableau était très-beau. Le cadre était orné d'une sculpture délicate en bois doré, qui représentait diverses sortes de tourments infligés par les tyrans aux martyrs.

1586.

Toussaint ROLLAND, bourgeois et marchand.

Fleur de TOUSSAINT ROULLANT du flot de grace.

Ce maître donna la clôture de la chapelle de St.-Jean-Baptiste, (ancienne chapelle de St.-Pierre) derrière le chœur. Cette clôture était en bois peint et doré. Quatre cariatides y remplaçaient les colonnes (2).

1587.

Jean-Baptiste GAILLARD, chanoine de St.-Firmin.

Mystère ouvrant la céleste barrière.

A côté d'une figure de la Vierge, représentée en pied, et tenant d'une main l'enfant Jésus, qui lui-même tient une croix dans la main restée libre, on voit le baptême administré par le diacre Philippe à l'Ethiopien, favori de la reine Candace. Cet eunuque n'a pas le teint noir, quoique plusieurs personnes de sa suite soient peintes avec une peau de cette couleur. Sur les flots de la mer, on aperçoit deux hommes, dont l'un pince les cordes d'un luth, et l'autre celles d'une harpe. Le premier est porté sur le dos d'un dauphin, et représente sans doute Arion.

(1) *Ms. de Pagès*, t. 1.er, 2.e dial. p. 22.
(2) *Ibid.*, t. 1.er, 2.e dial. p. 40.

Le donateur est peint en surplis, accompagné de plusieurs personnes de sa famille (1).

1588.

Jean-Baptiste ROCHE, bourgeois et marchand.

ROC assuré contre tout orage.

La sainte Vierge est assise sur le haut d'un rocher battu de tous côtés par les vents et les orages. Elle demeure ferme et inébranlable, pendant que la tempête renverse de grandes pyramides, dont les pointes semblent vouloir s'élever jusque dans les nues. Coloris vif et naturel (2).

1589.

Jean QUIGNON, bourgeois.

Fleuron conçu sans vice entre les vices.

L'immaculée conception. — La Vierge est représentée semblable au lys entre les épines : *sicut lilium inter spinas* (3).

Quignon porte : bandé d'argent et de gueules, de huit pièces (blason communiqué par M. Goze).

1590.

Jean PIÈCE, prêtre, chapelain et chantre de Notre-Dame.

PIÈCE sans prix, au PRETRE-grand offerte.

La Présentation de la sainte Vierge au temple. — Le

(1) *Ms. de Pagés*, t. i.er, 1.er dial. p. 105.
(2) *Ibid.*, t. i.er, 2.e dial. p. 41.
(3) *Ibid.*, t. i.er, 2.e dial. p. 2.

donateur est peint à genoux, vêtu de ses habits de chœur ; il est accompagné d'un grand nombre d'ecclésiastiques vêtus de même. Au milieu de cette réunion, se trouve un évêque en costume pontifical : ses habits et ses ornements sont délicatement peints et dorés. C'est sans doute le portrait de Nicolas de Pellevé, cardinal, évêque d'Amiens, mort à Sens en 1594 (1).

1591.

François COUVRECHEF, prêtre, chapelain et maître des enfants de chœur.

VOIX accordant le ciel avec la terre.

M. Couvrechef avait donné en 1591 la clôture de la chapelle de l'Annonciation, vulgairement appelée du *Jardinet*. Dans son tableau, placé au haut de cette clôture, il était peint en surplis, et agenouillé devant la Vierge, qui tenait son fils entre ses bras. La devise de M. Couvrechef faisait allusion à sa qualité de maître de musique et à la *voix* de la très-sainte Vierge, dont la parole, par son consentement au mystère de l'Incarnation, a *accordé le ciel avec la terre*, c'est-à-dire, a réconcilié l'homme avec Dieu.

La clôture donnée par le maître du Puy était en pierres dorées, délicatement travaillées et percées à jour ; elle était embellie de plusieurs petites colonnes, d'ordre corinthien, cannelées et bandées de feuillages et d'autres ornements. On y voyait en bas-relief plusieurs petites figures

(1) *Ms. de Pagés*, t. i.er, 1.er dial. p. 83, et aussi t. iii, p. 47 du supplément.

jouant de divers instruments; sur les piédestaux, les quatre pères de l'église latine étaient aussi sculptés en bas-relief. Dans un autre endroit, ajoute Pagés (1), M. Couvrechef, sculpté en demi-bosse, enseignait des enfants de chœur (2).

1592.

Sire Jean DE COLLEMONT, plusieurs fois mayeur d'Amiens, et, pour la seconde fois maître du Puy.

Le MONT prévu du sage avant tout âge.

Pagés n'indique pas le sujet du tableau, il se borne à dire que Jean de Collemont s'y était fait peindre en robe de mayeur, avec l'écu de ses armes au bas. Ce maître portait : d'azur, à trois coquilles d'or, à la fasce d'argent, chargée de trois tourteaux de sable; pour support deux licornes d'argent, et au cimier du casque une demi-licorne (3).

1593.

Firmin DUFRESNE, bourgeois et marchand.

FRESNE ennemi de la serpente race (4).

(1) *Ms. de Pagés* t. ı.ᵉʳ, 2.ᵉ dial. p. 14.

(2) La chapelle de l'Annonciation est une des premières qui ont été construites dans la nef de la cathédrale. L'autel fut béni le 7 avril 1378. A la première clôture, donnée en 1591 par M. François Couvrechef, a succédé la grille actuelle, exécutée, ainsi que la décoration intérieure de la chapelle, en 1765, aux frais de M. Horard, chanoine de la cathédrale. — Gilbert, *Description de la Cathédrale d'Amiens*, p. 156.

(3) *Ms. de Pagés*, t. ı.ᵉʳ, 1.ᵉʳ dial. page 64.

(4) *Pagés*, t. ı.ᵉʳ, 2.ᵉ dial. p. 33 et 34. — Au sujet de la devise, il fait la citation suivante empruntée à l'abbé de Valmont : « Les ser-

Le tableau de ce maître était placé dans le couronnement de la chapelle St.-Augustin, dont il avait donné la clôture. Le duc de Mayenne y était représenté avec une taille grande et majestueuse, la couronne de duc sur la tête. En 1593, un certain nombre de bourgeois d'Amiens se trouvaient engagés dans le parti de la ligue et reconnaissaient le duc de Mayenne comme lieutenant-général du royaume; l'hommage que lui rendait Firmin Dufresne, en le plaçant dans son tableau, s'explique donc aisément.

La clôture de la chapelle St.-Augustin, dit Pagés, est une des plus hautes de la cathédrale, l'architecture en est très-belle. Huit moyennes colonnes et vingt-huit autres petites, d'ordre corinthien, en pierres dorées, bandées, cannelées et ornées de feuillages, sont sculptées et accompagnées d'ornements percés à jour, d'une délicatesse admirable. Le piédestal continu qui sert de clôture basse à cette chapelle, est aussi en pierres; il est orné des figures des quatre évangélistes et de deux autres saints, sculptés en bas-relief sur les six dés des six piédestaux.

1594.

Jean BONNARD, docteur en la faculté de médecine.

BON NARD donnant à l'homme odeur divine.

Le tableau de ce maître, peint sur un globe de bois sculpté, était un des plus curieux. La sainte Vierge tenant son fils entre ses bras, portait à la main quelques branches

pents ont tant d'antipathie pour le frêne, que, si l'on met ces animaux entre un feu et des branches de frêne, ils choisiront plutôt de se jeter dans le feu que de passer par dessus les branches de cet arbre. »

de nard , plante odoriférante et jouissant de propriétés médicinales. Il y avait ainsi dans la devise une triple allusion , la première au nom du donateur , la seconde à sa profession , la troisième enfin à ces paroles chantées par l'église en l'honneur de la sainte Vierge : *dum esset rex. in accubitu suo, nardus mea dedit odorem suavitatis.* — Cantic.

M. Bonnard s'était fait peindre avec sa famille dans le haut du tableau. Pour témoigner son amour et son respect à Henri IV , qui avait fait sa première entrée à Amiens le 18 août 1594 , il fit représenter ce prince , vêtu de ses habits royaux , avec la couronne et le sceptre. En voyant le tableau , quelque temps après , dans la cathédrale , Henri IV dit en riant qu'il considérait M. Bonnard comme son père , puisqu'il l'avait mis au *monde*. En effet , le tableau, en forme de globe, représentait le *monde* , suivant le système de Ptolémée. Au centre , le monde terrestre était figuré dans un planisphère de cinq à six pieds de diamètre. On y voyait les quatre éléments, la terre immobile partagée en différents pays et climats, couverte de figures d'hommes, d'animaux et de plantes ; la mer remplie de poissons et chargée de vaisseaux ; l'air plein d'oiseaux et de figures de divers météores ; enfin , le feu , dont la sphère était représentée par de petites flammes bordant les contours du planisphère.

L'attention se portait ensuite sur de grands cercles placés les uns dans les autres et représentant chacun un ciel particulier. La lune occupait le premier cercle , Mercure le second , Vénus le troisième, le soleil le quatrième, Mars le cinquième , Jupiter le sixième , Saturne le sep-

tième, le firmament, ou le ciel des étoiles fixes, le huitième. A ces huit premiers cercles, l'artiste en avait
ajouté deux, dont l'un, suivant sa pensée, devait figurer
un ciel mobile, et l'autre était occupé par l'Empyrée.
— Le ciel des étoiles fixes montrait les douze signes du
zodiaque sculptés et dorés en demi-bosse. Les Gémeaux
étaient remplacés par un homme casqué, tenant son épée
à la main, peut-être parce que le mois où le signe des
gémeaux domine est celui où les armées entrent en campagne.

Le cercle du ciel empyrée, le plus grand et le plus large
de tous, était occupé par des statues de saints et de saintes
aussi dorées, et séparées les unes des autres par de petites
nuées. Chaque saint ou sainte avait des attributs différents
ou les instruments de son martyre. Le Père éternel et les
deux autres personnes de la Trinité se trouvaient placés
à l'endroit le plus élevé du ciel empyrée.

Deux colonnes isolées, d'ordre composite, accompagnaient les côtés de ce grand ouvrage, enfermé à demi par
une grille de fer, faite en échiquier, qui en défendait l'ap-
proche jusqu'au tiers environ de sa hauteur. Deux anges
en bois doré, étaient placés au bas du globe. Ils sem-
blaient porter sur leur dos et soutenir avec la main cette
grande machine (1).

1593.

Sire Augustin DE LOUVENCOURT, bourgeois, mayeur en
1596.

Toujours la Vierge on LOUE EN COUR céleste.

(1) *Ms. de Pagés*, t. 1.er, 2.e dial. p. 26 —Le tableau de Bonnard
était placé contre la troisième clôture de la chapelle N.-D. l'Anglette.

8.

La Ste Vierge paraît au milieu d'une gloire, dans un ciel ouvert et lumineux, sur un fond d'or. Elle est environnée de divers personnages, un pape, un empereur, un roi, qui prient à genoux et chantent ses louanges. Augustin de Louvencourt et son épouse, Barbe Gamin, sont représentés dans le tableau avec les personnes de leur famille ; au milieu se trouve Henri IV.

Le maître du Puy et sa femme avaient donné la clôture de la chapelle St-Honoré (1), et leur tableau était placé sur le couronnement de cette clôture.

L'architecture formant la clôture de la chapelle St.-Honoré, dit Pagés (2), est d'une belle ordonnance. Huit colonnes accouplées, d'ordre corinthien, dont le fût est lisse, soutiennent un beau cintre de chaque côté ; la porte de bois doré, délicatement sculptée, ainsi que tout le reste de l'ouvrage, porte dans son couronnement le beau tableau d'Augustin de Louvencourt.

Henri IV honorait de son estime et de sa familiarité ce sage et zélé mayeur (3).

Louvencourt porte d'or, à trois têtes de louve de sable, deux et une.

---

(1) Les embellissements actuels de la chapelle St.-Honoré ont été exécutés en 1781 aux dépens de M. Cornet de Coupel, chanoine de la cathédrale. — Gilbert, *Description de la cathédrale d'Amiens*, p. 171.

(2) *Ms. de Pagés*, t. i.^{er}, 2.e dial. p. 57.

(3) Il fonda le 25 février 1615 le salut que l'on chantait dans la cathédrale la veille de la Purification, et le chapitre ordonna qu'après les vêpres du jour de la fête, les grosses cloches fûssent sonnées ou *bucquées* pour appeler les fidèles au salut.

1596.

Jean Vuatebled, bourgeois et marchand.

Digne rempart de l'église fidèle.

Le tableau était placé au milieu du couronnement de la chapelle St.-Quentin. On y voit, dit Pagés (1), le portrait de M. Pierre Famechon, procureur du roi, seigneur d'Etouvy en partie, vêtu de sa robe de mayeur. Il porte à sa ceinture une bourse d'étoffe rouge, appelée *tasse*, dont les mayeurs se servaient pour garder les lettres renfermant les ordres de la Cour.

Jean Vuatebled avait donné la clôture de la chapelle St.-Quentin. Dans cette clôture faite de pierres blanches, dorées et délicatement travaillées à jour, ornée de colonnes d'ordre ionique et corinthien, on remarquait quatre statues en pierre, isolées, peintes et dorées, représentant les quatre docteurs de l'église latine, saint Jérôme, saint Augustin, saint Ambroise, saint Grégoire-le-Grand.

Le tableau était accompagné de deux statues de pierre, en demi-bosse, l'une d'homme, l'autre de femme, sortant de leur gaîne, servant de pilastres ou colonnes hermétiques, et portant l'entablement et le couronnement de la clôture (2).

(1) *Ms. de Pagés*, t. i.er, 1.er dial. p. 80.

(2) *Ms. de Pagés*, t. i.er, 1.er dial. p. 80. — La chapelle de St.-Quentin n'est plus une chapelle, c'est un passage de communication entre l'église et l'intérieur de l'évêché. La décoration intérieure, exécutée par Carpentier en 1783, a été enlevée, et l'on a restauré la décoration primitive en pierre, que cachaient des lambris en menuiserie.

8·

1597.

Nicolas LEFRANC, marchand.

LE FRANC aux FRANCS donnant toute FRANChise.

Descente de Jésus-Christ aux enfers ; délivrance des âmes dans les limbes. — Jésus, encore enfant, tient d'une main la sainte Vierge et de l'autre une croix avec laquelle il frappe aux portes de l'enfer. Le roi Henri IV est peint dans le tableau, vêtu de ses habits royaux (1).

1598.

Antoine CHOQUET, religieux de l'abbaye de St.-Martin-aux-Jumeaux, et curé de St.-Leu.

Des cieux hautains, PAIX en terre apportée.

Jésus-Christ et la sainte Vierge foulent aux pieds un monceau d'armes brisées. C'est une allusion à la paix de Vervins, conclue le 2 mai 1598, et publiée à Amiens le 7 juin suivant (2).

Dans le tableau on voit le portrait de monseigneur de la Marthonie, évêque d'Amiens. Ce prélat porte une ca- lotte rouge sur la tête. Il est encore peint, dit Pagés (3), avec la même coiffure dans d'autres tableaux, et notam-

_____

(1) *Pagés*, t. I.er, 1.er dial. p. 120.
(2) *Ms. de Pagés*, t· I.er, 2.e dial. p. 42. — « Dans l'après-midi du 7 juin, monseigneur de Bléries, doctoral ou théologal de la ca- thédrale, fit une très-belle prédication, à la suite de laquelle la paix fut publiée ; nos concitoyens répandirent mille larmes de joie ; il y eut en ce moment plusieurs décharges d'artillerie, et le soir furent allumés de très-beaux feux de joie. »
(3) *Pagés*, t. I.er, supplément au 2.e dial. p. 7.

ment dans celui placé au haut de la clôture de la chapelle
Ste.-Brigitte, donnée par M. de Prouville. Pagés, à cette
occasion, réfute l'assertion de Thiers, qui prétend que le
cardinal de Richelieu a le premier porté une calotte.

Nicolas Choquet, marchand à Amiens, et petit-neveu
d'Antoine, fit nettoyer et redorer, en 1707, le tableau de
1598.

1599.

Nicolas Lebel, apothicaire.

Ton nom sur nous est une huile de grace (1)

Simple mention (2).

1600. *

Louis de Villers, bourgeois et marchand, sieur de
Rousseville.

Du Jubilé belle VILLE AIR résonne.

La sainte Vierge est assise devant une des portes de la
Jérusalem céleste (*Apocalypse*, ch. 21).— Ce tableau, qui
servait autrefois de couronnement à la clôture de la chapelle St.-Étienne, donnée par Louis de Villers et sa femme,
Marie Gonnet (3), a été conservé. Il est actuellement en
la possession de notre compatriote, M. Abel Terral,
peintre d'histoire, à Paris. Outre le donateur et sa femme,
on y remarque Henri IV et plusieurs personnages, qui figurent aussi dans les tableaux de **1601** et **1603.** Toutes

(1) Oleum effusum, Maria, nomen tuum. — *Cantic.* cap. 1. v. 3.

. (2) *Pagés*, t. ı.er, 2.e dial. p. 41.

(3) *Ms. de Pagés*, t. ı.er, 2.e dial. p. 14.

les têtes ont du caractère et de l'expression. Celle du donateur est vraiment belle.

Il porte d'or à trois roses de gueules, tigées et feuillées de sinople ; sa femme porte d'argent à trois fasces ondées de gueules.

1601. *

Jean DE SACHY, sieur d'Haudvillers, marchand, quatre fois premier échevin d'Amiens.

Terre d'où prit la Vérité naissance.

Le tableau de ce maitre servait de couronnement à la clôture de la chapelle de St.-Louis, par lui donnée en 1601 (1). Il appartient aujourd'hui au Musée de la Société des Antiquaires de Picardie.

Au dernier plan, la sainte Vierge tient son fils entre ses bras : un ange lui présente des clefs. A la droite de Marie sont deux femmes représentant la Miséricorde et la Vérité ; à sa gauche, deux autres femmes, la Justice et la Paix, s'embrassent : *Justitia et pax osculatæ sunt.* — Au dessus de ces figures, dans un nuage, on voit encore la Justice avec sa balance et son épée. — Au premier plan, le donateur et sa femme sont à genoux, chacun devant un prie-Dieu. Au milieu d'eux se trouvent Henri IV et Marie de Médicis, et à leurs pieds, Louis XIII enfant, couché dans son berceau. Derrière le groupe royal, se tiennent de nombreux personnages, parmi lesquels on croit reconnaître Mgr de la Marthonie, évêque d'Amiens, et le duc de Caumont la Force.

(1) *Ms. de Pagés*, t. 1.er, 2.e dial. p. 57. — La chapelle de Saint-Louis s'appelle actuellement Notre-Dame de la paix.

Par un heureux hazard, le chant royal de Jean de Sachy
a été conservé (1) comme son tableau, et son monument
funèbre existe encore dans la cathédrale. Pagés décrit
avec beaucoup de détails ce dernier ouvrage, attribué au ·
sculpteur amiénois Blasset. « Ce monument, dit-il (2),
qui sert d'épitaphe à Jean de Sachy, ancien premier échevin et à demoiselle Marie de Révelois, son épouse, est
·d'un si beau travail, qu'on peut le considérer dans la cathédrale, comme on ferait d'un bijou dans un cabinet
rempli d'autres raretés. Son architecture forme une arcade
ornée de moulures portant sur les impostes, avec une
belle mensole au milieu. Le fond de la niche est d'un
marbre de Rance, en Hainaut, d'un rouge sale mêlé de
veines et de tâches blanches ou bleuâtres. Quatre colonnes d'ordre corinthien, dont le fût lisse est de même
marbre, portent l'entablement, orné d'une belle corniche, d'une frise délicatement travaillée en bas-relief, et
d'une architecture embellie de moulures délicatement
sculptées. On voit dans la frise, sur les chapiteaux des
colonnes, deux têtes de mort ailées, qui conviennent au
sujet. L'entablement est surmonté d'un fronton sphérique,
avec un vase soutenu par un acrotère placé au milieu de
la cimaise. L'écu des armes de M. de Sachy, parti de
celles de son épouse, est placé au milieu du tympan,

(1) Voir l'*Histoire litt. du P. Daire*, p. 103 ; voir aussi *la Confrérie
de N.-D. du Puy*, par M. A. Breuil, *Mém. de la Soc. des Antiq. de
Pic.*, tom. xiii, p. 559 et suivantes. — M. Breuil, trompé par le P.
Daire, a appelé l'auteur du chant royal : Pierre de Sacy ; c'est Jean
de Sachy qui en est réellement l'auteur.

(2) *Ms. de Pagés*, t. 1er, 2e dial., p. 56.

excédant un peu la cimaise. La statue de M. de Sachy,
vêtu d'une robe de magistrat, avec la toque d'échevin à
la main, et celle de son épouse, toutes deux faites de
marbre blanc, sont placées à genoux à l'endroit, et devant les piédestaux des colonnes. La draperie en est bien
jetée, et les plis bien disposés. Leurs attitudes sont naturelles et conformes à celles de personnes qui prient devant
la mère de Dieu. La Vierge tient son fils d'une main, et
de l'autre un petit *puits* qui désigne la Confrérie du Puy,
dont M. de Sachy était maître; sa statue, d'un port majestueux, est en pied et porte sur la tête une petite couronne radiale. Saint Jean-Baptiste (1), représenté sous la
figure d'un enfant accompagné d'un agneau, est placé à
côté de la divine Marie, dans le bas de l'ouvrage. La figure de la Mort, que représente un cadavre à demi-dé-
charné, tenant d'une main une faulx, est couchée dans un
drap à demi-courbé, d'où sort d'un côté le bras de cette
figure. Une colonne d'ordre toscan, de marbre rouge veiné
de blanc et de bleu, est posée sur un piédestal de marbre
blanc, avec un chapiteau de même.— M. Jean de Sachy,
mort le **9 février 1644**, et Mlle de Révelois, son épouse,
morte le **25 février 1662**, furent enterrés devant ce mausolée; privilége rarement accordé dans la cathédrale,
ainsi que nous l'apprend une longue inscription gravée en
lettres d'or sur une table de marbre noir (2). »

(1) Patron de M. de Sachy.
(2) Cette épitaphe est donnée par Gilbert, *Description de la Cath.
d'Amiens*, p. 175. — Le mausolée se trouve dans le bas-côté gauche
de la nef, contre le pilier qui sépare la chapelle N.-D. de la Paix de
la chapelle St.-Firmin.

1602.

Frère Antoine POSTEL, prieur des Jacobins d'Amiens, docteur en Théologie.

Vraie doctrine aux humains annoncée.

Postel avait donné à la cathédrale une chaire, dans laquelle il prêcha le premier. Sur le couronnement de cette chaire était placé son tableau, au centre duquel on voyait Henri IV et le dauphin Louis XIII.

1603. *

Jean BOULLET, bourgeois et marchand, ancien échevin.

Arc triomphal peint d'histoires nouvelles.

La sainte Vierge, comme une illustre princesse, est placée sous un arc de triomphe. — Pagés n'en dit pas davantage sur le tableau, qui est conservé dans la collection de l'évêché. — On y trouve Henri IV, tenant par la main la petite princesse Elisabeth de France, née en 1602. Derrière le roi se groupent divers personnages, dont plusieurs ont déjà paru dans les tableaux de 1600 et 1601.

Les trois tableaux, dus sans doute au même artiste, ne sont pas remarquables sous le rapport de l'exécution ; cependant les physionomies des personnages ont du caractère et une expression naïve. Dans le tableau qui nous occupe, les draperies de la Vierge sont bien agencées.

Jean Boullet et Anne de Sachy, son épouse, avaient donné la clôture de la chapelle S.te-Marguerite, en même temps que le tableau. Cette clôture, dit Pagés (1), est

_____
(1) *Ms. de Pagés*, t. 1er, 2e dial., p. 15.

d'une belle architecture. On y voit quatre statues d'apôtres en bois doré, dans quatre niches carrées, formées chacune par quatre colonnes d'ordre ionique. Ces colonnes sont séparées l'une de l'autre par des arcades qui soutiennent l'entablement et les ornements supérieurs. Parmi les ornements sont placées les statues des huit autres apôtres et de plusieurs saints (1).

1604.

Antoine DE MONTAUBERT, grénetier, secrétaire de M. François de l'Ile, chevalier, seigneur de Treignel, gouverneur des ville et citadelle d'Amiens.

PUY salutaire où s'étanche la soif.

Au milieu d'un paysage délicatement peint, Jésus, assis sur le bord d'un puits, converse avec la Samaritaine. Le donateur s'est fait peindre avec Catherine Desnœux, son épouse, et leurs enfants (2).

---

(1) Pagés (t. 1er, 2e dial., p. 15 et suiv.) parle aussi du retable d'autel qui décorait alors la chapelle Ste-Marguerite : « Au milieu de ce retable, dit-il, est un grand tableau représentant Ste-Marguerite, de grandeur naturelle, qui terrasse et foule aux pieds un dragon ; c'est l'ouvrage de M. Hergosse, peintre flamand, demeurant à Amiens. Il est placé au milieu du retable, peint par M. Muset, en marbre feint. Ce retable a été donné par M. Benoise, abbé de St.-Sauve de Montreuil et par M. Bourré, tous deux chanoines de la cathédrale. On y voit les écus de leurs armes peints et sculptés. » — La grille de fer qui ferme actuellement la chapelle Ste-Marguerite a été donnée en 1768 par M. Pingré, écolâtre de la cathédrale. — Gilbert. *Descript. de la Cath.*, p. 161.

(2) *Pagés*, t. 1er, 1er dial, p. 111.

Montaubert ayant donné une partie de la clôture de la chapelle Notre-Dame l'Anglette, son tableau se trouvait placé dans cette partie.

Pagés la décrit ainsi : « elle est ornée de huit grandes colonnes d'ordre corinthien, dont les abaques ou tailloirs sont bien creusés et recoupés en dedans. Elles portent un fort bel entablement. Dans les entrecolonnements, deux niches renferment deux grandes statues, en bois doré, du roi David et de son fils Salomon, fort bien sculptées. Les quatre colonnes du milieu sont posées sur un piédestal continu, orné de sculptures en bas relief, et les quatre autres colonnes des côtés sont séparées de celles du milieu par des retraites. »

1605. *

Jacques DESTRÉES, marchand tanneur :

Temple illustré de lumière éternelle.

La Vierge, tenant l'enfant Jésus dans ses bras, est assise devant la façade de la cathédrale d'Amiens. Ce monument est peint avec une exactitude telle, que l'on en distingue les moindres parties. Une espèce de soleil, tout brillant d'or, répand sur le tableau une vive et merveilleuse lumière (1). Au-dessous du portail, l'artiste a peint le

---

(1) *Ms. de Pagés*, t. 1er, 2e dial. p. 23. — « Le peintre, dit Pagés, peut avoir imité la manière de Bernard Van Orlay de Bruxelles, qui, lorsqu'il voulait donner à de certains endroits de ses tableaux beaucoup d'éclat, principalement dans une lumière céleste, couchait des feuilles d'or sur son impression, et peignait dessus. Ce peintre flamand vivait du temps de Charles-Quint, et était au service de Marguerite, gouvernante des Pays-Bas. »

roi Henri IV, vêtu d'un manteau noir doublé d'hermine.

Destrées et Jacqueline Palliart, son épouse, avaient donné l'une des deux clôtures de la chapelle saint Paul, et leur tableau était placé dans cette clôture (1).

M. de Chénevières a bien voulu m'informer, le 10 janvier 1850, que la collection du général l'Epinois, alors en vente, contenait un tableau provenant de la Confrérie du Puy d'Amiens, et ayant pour devise :

Temple illustré de lumière éternelle.

C'était bien le tableau donné par Destrées, et le catalogue de la vente l'Epinois, qui en donnait d'ailleurs une très-fausse explication, l'attribuait au peintre Porbus, et disait que parmi les personnages on croyait reconnaître Henri IV et ses enfants, les deux Bouillon, Achille de Harlay, le Maréchal de Joyeuse, du Bouchage, Urbain Laval de Bois Dauphin, et M. de Nérestan. — Ce tableau, suivant ce que me marquait une seconde lettre de M. de Chénevières, en date du 13 janvier, était découpé d'une façon très-bizarre.

(1) L'autre clôture de la chapelle était ornée de quatre colonnes d'ordre composite, accompagnées de deux statues de Saint Jean-Baptiste et de Saint Jean l'Evangéliste ; elle fut offerte en 1612, par M. Jean Collenée, curé de Saint-Firmin en Castillon. *Pagés*, t. 1er, 2e dial. p. 22. — La chapelle de saint Pierre et saint Paul, autrefois connue sous le nom de chapelle de *l'Aurore* ou du *Point du jour*, reçut en 1750 de nouveaux embellissements, qui furent exécutés aux dépens de M. Cornet de Coupel, alors chapelain de la cathédrale. — Gilbert, *Descript. de la cath. d'Amiens*, p. 225.

A la vente, M. de Chénevières l'a poussé, pour la Société des Antiquaires de Picardie, jusqu'à 355 francs ; mais il a été adjugé moyennant 370 francs, et se trouve actuellement en Angleterre.

1606.

Guillaume RÉVELOIS, marchand :

Oracle saint qui RÉVÈLE LOIX saintes.

Simple mention du tableau. — Il était placé au couronnement du devant de la clôture de la chapelle de saint Pierre, et avait été offert en 1606 par Guillaume Révelois, et Marie Devillers, son épouse (1).

Révelois porte de gueule, bandé d'argent de trois pièces, chargées chacune de trois fleurs de lys naturelles, renversées.

1607.

Rolland DE VILLERS, bourgeois et marchand :

D'humilité le signalé modèle.

Simple mention (2). — Dans l'*Extrait* fait par Antoine Mourel des ordonnances et délibérations de la Confrérie (3), on voit que le 9 septembre 1607, « *il a été arresté que les maistres du Puy feront faire à leurs despens un tableau du prix de 200 livres, pour ne s'estre en ladite année présenté aucun bourgeois ou autre pour faire la charge de*

---

(1) *Ms. de Pagés*, t. 1ᵉʳ, 2ᵉ dial. p. 44.

(2) *Ibid.*, t. 1ᵉʳ, 2ᵉ dial. p. 44.

(3) V. *la Confrérie du Puy*, par M. A. Breuil ; *Mém. de la Soc. des Ant. de Pic.*, t. XIII, p. 620.

maistre. » Il résulterait de cette citation que Rolland de Villers n'aurait pas accepté la maîtrise, et que les maîtres réunis auraient donné le tableau. Cependant on sait qu'en 1684, ce tableau fut redoré au moyen d'un legs spécial fait à la Confrérie par le chanoine Pierre de Villers, qui avait voulu entretenir le don fait par son parent.— Il n'est pas rare de trouver de semblables contradictions dans les documents qui concernent la Confrérie.

Du reste, la destinée du tableau a été fort triste. Plusieurs de nos compatriotes en ont vu les débris appropriés aux plus *humbles* usages, dans une maison de la rue des Lirots.

1608.

André BOURSE, bourgeois et marchand.

Vierge de paix du ciel et de la terre.

On sait que Bourse, son épouse, Jacqueline Benoist, et les membres de leurs deux familles, étaient peints dans le tableau ; au milieu de cette réunion amiénoise, l'artiste avait représenté le roi Henri IV. Pagés loue la bonne exécution des portraits et leur coloris naturel (1).

1609.

Louis ARTUS, marchand teinturier.

Portrait qui rend celui qui le voit chaste.

Son tableau était une copie du portrait de la sainte Vierge, qui, suivant la tradition, aurait été peint par saint Luc. Il se trouvait placé dans la partie de la clôture

(1) *Ms. de Pagés*, tome 1er, 2e dial., p. 42.

de la chapelle N. D. l'Anglette, donnée par Artus, en la même année 1609.

Quatre grandes colonnes, de bois doré, d'ordre composite, et deux grandes statues de saint Louis et de sainte Marguerite, placées dans leurs niches entre les colonnes, formaient l'ornement de cette partie de clôture (1).

1610.

François FAUQUEL, bourgeois et marchand.

Fleur, la beauté des célestes campagnes (2).

Simple mention (3).

— « Ce fut en 1610, dit Pagés (4), que vint à Amiens le peintre Quentin Varin ou Vuarin. Il avait appris à peindre sous la direction de maître François Gaget, chanoine de Beauvais. Quelques peintures de ce chanoine existent dans la cathédrale; mais elles n'approchent pas de celles de son élève. Varin, après avoir fait à Beauvais un grand nombre d'ouvrages qui ne lui procuraient que d'insuffisantes ressources, vint à Amiens dans l'espoir d'y trouver une meilleure rémunération de son talent. Il peignit des familles entières dans plusieurs tableaux de la cathédrale. Son succès toutefois ne répondit pas à l'idée qu'il s'était faite de son mérite. Il partit pour Paris et se logea dans un grenier de la rue de la Verrerie, chez un marguillier de l'église de saint Jacques de la Boucherie,

(1) *Ms. de Pagés*, tome 1er, 2e dial. p. 25.
(2) *Ego flos campi. Cant.* cap. 2, vers. 1.
(3) *Pagés*, tome 1er, 2e dial. p. 33.
(4) *Ibid.*, tome 2, suppl. p. 7.

qui lui commanda un grand tableau où il représenta saint
Charles Borromée en extase, avec saint Michel en pied.
L'intendant de la reine Marie de Médicis vit par hasard
ce tableau, il en fut charmé, et s'informa du nom et de
la demeure du peintre. Bientôt il alla le trouver dans son
galetas et le conduisit chez la reine. Un dessin, dont l'intendant lui avait suggéré l'idée, et qui se distinguait par
la netteté jointe à l'imagination, fut admiré à la Cour. On
s'y applaudit d'avoir trouvé dans Paris l'artiste que l'on
faisait chercher dans les pays étrangers. Varin reçut donc
la mission de travailler aux peintures de la galerie du
nouveau palais du Luxembourg. Malheureusement il s'é-
tait trouvé associé avec un poète nommé Durand, qui travaillait aux inscriptions. Celui-ci, ayant du penchant pour
la satire, écrivit contre le gouvernement, fut arrêté et
condamné à être pendu. Varin, alarmé du supplice de son
associé et craignant le même sort, se cacha si bien, qu'il
fut impossible de découvrir le lieu de sa retraite. Que ne
pouvait-il savoir, qu'au lieu de menacer sa liberté et sa
vie, on le cherchait pour lui faire continuer ses travaux !
Lorsque sa disparition eut fait échouer les intentions
bienveillantes de ses protecteurs, ils furent obligés de le
remplacer par le peintre d'Anvers, Rubens.

Varin pourtant revint à Paris quelques années après sa
fuite, et il peignit pour la reine une *Présentation de Jésus
au temple*, qui orne présentement le retable d'autel de
l'église des Carmes, près du Luxembourg. Il peignit
encore le *Paralytique*, qui est à Fontainebleau, et plusieurs ouvrages, soit à Paris, soit à Beauvais. Il
s'attachait à peindre en raccourci. Il est le premier

peintre français qui ait bien réussi dans la perspective. Le frère Bonaventure d'Amiens, capucin, lui avait recommandé cette partie de la science du peintre, et lui en avait enseigné les premiers éléments. »

— Il est regrettable que Pagés n'ait pas désigné les tableaux de la cathédrale peints par Varin durant son séjour à Amiens, si toutefois il connaissait ces tableaux.

1611.

Florent BELLOT, contrôleur du grenier à sel.

Vierge allaitant le BELLOT (1) des fidèles.

La sainte Vierge allaitant l'enfant Jésus. — Dans ce tableau, formant le couronnement de la clôture de la chapelle St.-Christophe, donnée par Bellot et sa femme, Antoinette Blondin, on voyait Marie de Médicis, alors veuve de Henri IV, en habits de deuil ; elle tenait par la main son fils Louis XIII.

La clôture de la chapelle St.-Christophe était ornée de quatre grandes colonnes en bois peint, d'ordre corinthien. Deux niches, placées dans les entrecolonnements, renfermaient les statues en bois doré de saint Florent, patron du donateur, et de saint Christophe (2).

(1) *Bellot,* gentil, s'applique surtout aux enfants dans le langage picard.

(2) *Ms. de Pagés,* t. 1er, 2e dial., p. 3. — La chapelle a été décorée et fermée d'une grille en fer, en 1763, aux dépens de M. Cornet de Coupel, chanoine de Notre-Dame. — Gilbert, *Description de la Cath.*, p, 152.

9.

1613.

Louis Dufresne, bourgeois et marchand.

Don de l'époux qui l'épouse console.

Son tableau, placé dans le couronnement de la clôture de la chapelle St.-Jean-l'Évangéliste, qu'il avait donnée, représentait le mystère de la Pentecôte.

La clôture de la chapelle St.-Jean-l'Évangéliste (aujourd'hui Notre-Dame de Bon-Secours) était d'une architecture gothique; quatre grandes statues en bois doré, représentant les quatre Pères de l'Église latine, étaient placées en pied dans les endroits où auraient dû se trouver les grandes colonnes. De petites colonnes, d'ordre composite, embellissaient aussi cette clôture (1).

Dufresne portait : d'or, au frêne arraché de sinople.

1614.

Germain Séjourné, marchand drapier.

Jésus pour nous a SÉJOURNÉ en terre.

Son tableau, placé dans le retable d'autel de la chapelle St.-Nicaise (2), représentait la *Naissance de Jésus-Christ.* « Ce tableau dont le fond, dit Pagés (3), suppose une nuit profonde, ne laisse pas d'être éclairé, mais il ne tire son jour que d'une certaine clarté imprimée sur le corps

(1) *Pagés*, t, 1er, 1er dial., p. 125. — Dans le 1er dialogue du tome 1er, p. 8, il parle aussi d'un tableau de Louis Dufresne représentant la Nativité.

(2) Aujourd'hui chapelle de St.-François d'Assise.

(3) *Ms. de Pagés*, t. 1er, 1er dial., p. 87.

de l'enfant Jésus. La réflexion de cette clarté se répand avec proportion sur toutes les surfaces des figures groupées sur la toile, et chacune en reçoit autant qu'il est nécessaire pour que l'on puisse discerner les mouvements et les attitudes, dans les positions plus ou moins éloignées qu'occupent les personnages.

Un petit tableau où sont peints les portraits de M. Séjourné et de Marie Sevestre, son épouse, a servi de modèle à celui qui vient d'être décrit. Attaché primitivement au côté droit de la chapelle St.-Nicaise, il sert de retable dans celle de St.-Jean-Baptiste. »

1615.

Jean GONNET, bourgeois et marchand, ancien échevin.

D'un tel trépas paranGON N'EST au monde.

Le tableau, représentant la mort de la sainte Vierge, couchée sur son lit et entourée par les apôtres, était placé dans la clôture de la chapelle de l'Extrême-Onction donnée par Gonnet. Il y était peint avec les personnes de sa famille et l'écu de ses armes ; il portait : d'argent, à trois fasces ondées de gueules (1).

1616.

David QUIGNON, bourgeois, marchand et ancien échevin.

Gloire à celui QUI NOM sur tous noms porte.

L'adoration des mages. — Le tableau était placé dans le retable d'autel de la chapelle St.-Paul, donné par D. Quignon (2).

(1) *Ms. de Pagés*, t. 1.er, 2.e dial. p. 63 et 64.
(2) *Ibid.*, t. 1.er, 1.er dial. p. 98.

Gilbert , en décrivant la chapelle de St.-Pierre et St.-Paul , dit que le tableau actuel du retable , représentant l'*Adoration des mages*, a été peint par Parrocel. Ce tableau porte en effet la signature de Parrocel. Il a été restauré en 1846 par Amédée Dupuy. On sait qu'Etienne Parrocel , né à Paris en 1720, exposa au salon de 1765 un tableau représentant l'*Adoration des mages*. Peut-être ce tableau a-t-il été substitué en 1765 ou 1766 , dans la cathédrale , à celui qu'avait vu Pagés en 1709.

Quelle que soit l'origine de cette peinture, elle laisse beaucoup à désirer sous le rapport de l'exécution. Le fond offre une architecture assez riche , l'Enfant Jésus est gracieux ; mais le sentiment religieux manque à la composition.

1617.*

Firmin PESTEL , religieux de St.-Martin-aux-Jumeaux , curé du Bosquel (1).

Le feu sacré qui le saint puits conserve.

Le prophète Élie est enlevé au ciel dans un char de feu, tiré par des chevaux de feu ; il laisse tomber son manteau sur Élisée. Le maître du Puy s'est fait peindre à genoux, revêtu d'un surplis , et avec l'écu de ses armes. Il porte d'or , barré de trois pièces de gueules (2).

(1) Le Bosquel, aujourd'hui commune du canton de Conty, arrondissement d'Amiens. Au moment de la Révolution , la cure était desservie par un chanoine régulier de S.te-Geneviève ; elle était à la nomination de l'évêque d'Amiens, comme abbé de St.-Martin-aux-Jumeaux.

(2) *Ms. de Pagés*, t.er, 2.e dial. p. 21.

Ce tableau a échappé à la destruction : il est conservé dans l'église de Tilloy-lès-Conty.

1618.*

Adrien DE LA MORLIÈRE, chanoine de la cathédrale, auteur des *Antiquités de la ville d'Amiens*.

Vierge qui vint LA MORT LIER au monde.

La sainte Vierge délivre l'homme des suites du péché originel.—Adrien de la Morlière s'est fait peindre, comme le précédent maître, à genoux et en surplis. Le cadre du tableau est accompagné de deux grandes colonnes torses, à huit circonvolutions, d'ordre corinthien, dont le fût, peint en azur, est orné de feuilles de lierre dorées (1).

—Ce tableau, aujourd'hui dépouillé du cadre décrit par Pagés, fait partie de la collection de l'évêché. C'est une peinture assez médiocre; on peut louer cependant le sentiment religieux dans l'attitude de la Vierge.

De la Morlière portait : d'azur au lierre d'or, au chef d'argent chargé de trois étoiles de sinople, avec la devise : *vel fulva virescam.* (Blason communiqué par M. Goze).

1619.

Firmin DUCROCQUET, marchand.

Heureux CROCQ EST l'amour qui tout attire.

---

(1) *Ms. de Pagés*, t. 1er, 2e dial. p. 48. — A la p. 49, Pagés ajoute : « le père de de la Morlière s'appelait Raoult de la Morlière, et était Élu en l'élection de Péronne, Montdidier et Roye; mais sa mère, Anne Delattre, était originaire d'Amiens, et avait pour aïeul Robert Delattre, sieur de Nouveaulieu, et demoiselle Simone Caignet, fille de Nicolas Caignet, autrefois mayeur d'Amiens (en 1514 et 1515). »

Rien sur le sujet du tableau. — Il avait été donné par Ducrocquet et Chrétienne Muette, son épouse; il était accompagné de deux colonnes d'ordre corinthien, torses en vis, et à douze circonvolutions (1).

1620.

Jean LECLERC, marchand plombier.

L'amour trouvé au temple par l'amante.

Ce tableau, placé dans le retable d'autel de la chapelle St.-Jacques, représentait Jésus enfant au milieu des Docteurs. Le retable et le tableau étaient un don de Leclerc, qui, quatre ans auparavant, avait déjà donné les vitres placées derrière l'autel de la chapelle où reposait le chef de St.-Jean-Baptiste. Ce retable, en bois doré, se distinguait par une admirable délicatesse et faisait le plus grand honneur à Blasset, qui l'avait sculpté. Sur les côtés se voyaient les portraits de Jean Leclerc et de Magdeleine Letellier, sa femme (2).

Blasset épousa la veuve de Leclerc : elle était fort riche.

(1) *Ms. de Pagés*, t. 1.er, 2.e dial. p. 21.

(2) *Ibid.*, t. 1.er, 1.er dial. p. 102.— Pagés ajoute : « la clôture de la chapelle St.-Jacques fut donnée en 1578 par la communauté des marchands merciers-épiciers, et des merciers secs de cette ville. Le milieu de cette clôture est surmonté d'un fronton brisé, et, à la place du tympan, est une statue en bois doré représentant St.-Jacques, alors le patron de cette grande communauté. — Les vitres de cette chapelle se distinguent par des couleurs d'une vivacité surprenante; on y voit représentées diverses sortes de marchandises, et différentes occupations des marchands de la communauté des merciers, qui ont fait faire ces belles vitres. »

1621.

Pierre DE ROUVEROIS , marchand.

Mère qui meurt voyant mourir sa vie.

Jésus descendu de la croix par Joseph d'Arimathie. —
Le tableau était placé dans le retable d'autel de la chapelle
de St.-Jean-Baptiste (1). Ce retable en bois bruni, doré
sur les extrémités, est, dit Pagés (2), d'une sculpture délicate ; deux grandes colonnes cannelées , d'ordre corinthien , en soutiennent l'entablement. Il a été donné par
de Rouverois et sa femme , Marie Damiens, dont les portraits sont peints dans des tableaux placés à côté de l'autel.

1622.

Jean PALIART , marchand brasseur.

Rameau de paix et foudre de justice.

Dans son tableau, qui fait partie du retable d'autel de la
chapelle St.-Nicolas (3), on voit une grêle épaisse tomber
violemment sur les troupes d'une armée rangée en bataille,
tandis qu'elle épargne une autre armée opposée à celle-ci.
Entre l'une et l'autre , la sainte Vierge est assise et tient
son fils sur ses genoux. Devant l'Enfant-Dieu est agenouillé
Louis XIII, vêtu de ses habits royaux, la couronne en tête.
L'enfant Jésus semble lancer la foudre d'une main sur
l'armée que la grêle accable, tandis que, de l'autre main,

(1) Pagés veut sans doute désigner la chapelle du *Sauveur*, dans
le bas-côté gauche de la nef : elle portait originairement le nom de
St.-Jean-Baptiste.

(2) *Ms. de Pagés,* t. 1er, 1.er dial. p. 119.

(3) Aujourd'hui de l'*Incarnation*, dans le bas-côté droit de la nef.

il donne au roi une branche d'olivier, comme symbole de paix (1).

. Le donateur est représenté avec son épouse et sa famille dans un petit tableau, placé contre la muraille, entre le retable et la clôture de la chapelle. Il est vêtu en bourgeois, avec des habits noirs (2).

1623.

Adrien Decourt, marchand.

Astre en DÉCOURS après pleine lumière.

Le sujet du tableau donné par Decourt et Marguerite Quignon, son épouse, était emprunté au douzième chapître de l'Apocalypse. On y voyait la Vierge avec des ailes d'aigle, placée sur la lune, environnée des rayons du soleil et couronnée d'étoiles. De son sein, le jeune enfant appelé à gouverner le monde prenait son essor vers les cieux, où Dieu lui tendait les bras. Dans le bas du tableau, St.-Michel combattait un dragon roux, à sept têtes, couvertes de sept diadèmes et de dix cornes. Le fond représentait une ville voisine de la mer. Le cadre était accompagné de deux statues en bois doré et peint, représentant St.-Adrien et S.te-Marguerite, patrons des donateurs (3).

(1) Voir *la Confrérie de N.-D. du Puy*, par M. A. Breuil, t. XIII des *Mém. des Antiq. de Pic.*, p. 546.

(2) *Ms. de Pagés*, t. 1er, 2e dial., p. 15 ; voir aussi le supplément aux matières des trois premiers dialogues, p. 32.

(3) *Ibid.*, tome 1er, 2e dial. p. 63.

- 1624.

Mathieu RENNEUVE, prêtre, chapelain et sous-trésorier de la cathédrale.

Marie à tous porta cette lumièRE NEUVE.

La Transfiguration. — Les figures des trois apôtres, témoins de ce prodige, expriment bien la surprise et la joie qu'il leur cause.

Ce tableau était placé dans le retable d'autel de la chapelle de Notre-Dame l'Anglette (aujourd'hui chapelle de St.-Ch.-Borromée ou de St.-Joseph), donné par Renneuve.

Dans un autre tableau, attaché à une des colonnes isolées de la chapelle, le donateur était peint vêtu du surplis, les mains jointes ; il portait une longue barbe. Mathieu Renneuve, natif de Noyon, avait fait le pélerinage de la Terre-Sainte. Dans ses armes on voyait la croix de Jérusalem, qui est potencée de gueules, cantonnée de quatre croisettes de même, dans un écu d'or.

Pagés décrit ainsi (1) le retable d'autel de la chapelle Notre-Dame l'Anglette : « Ce retable, d'un bois bruni, doré sur les ornements, est d'une belle ordonnance. La sculpture en est délicate. Quatre grandes colonnes cannelées, d'ordre corinthien, dont les listels sont dorés, répondent à quatre pilastres de même ordre, qui, placés derrière ces colonnes, soutiennent un bel entablement orné de modillons, de denticules, d'oves, et d'une belle frise dorée. L'entablement porte un couronnement, dont le milieu est embelli d'un grand cadre, dans lequel on

(1) *Ms. de Pagés*, t. 1er, 1er dial., p. 113.

voit une statue assise de la sainte Vierge, de grandeur presque naturelle, tenant son fils Jésus. Deux colonnes d'ordre composite accompagnent cette belle statue (1). »

1625.

Nicolas BLASSET, architecte, et sculpteur du Roi.

Clef de salut pour le rachapt de l'homme.

Ce maître donna un ouvrage de sa composition. C'était une grande sculpture en bois doré, d'une exécution très-délicate. La sainte Vierge y figurait, considérée comme la clef mystérieuse ouvrant la porte du ciel. Elle offrait une clef à Jésus-Christ, qui montrait le premier homme lié à un arbre. On voyait dans le cadre de cette scène cinq figures de petits anges sculptés en bosse ; chacun portait une lettre du nom de Marie.

Le couronnement de l'ouvrage, dit Pagés (2), est orné d'un fronton sphérique sur lequel sont assises trois statues de femmes, délicatement travaillées. Dans deux cartouches qui accompagnent le cadre, on remarque le portrait de Blasset et celui de Madeleine Letellier, sa première femme.

Il paraît que ce portrait représentait Blasset à l'âge de vingt-cinq ans. Plus tard, son bel ouvrage ayant été, par privilége, conservé dans la chapelle St.-Augustin, on

(1) « Les vitres de cette chapelle, ajoute Pagés, sont peintes de diverses couleurs d'un éclat surprenant. On y voit différents ouvriers travailler sur l'enclume à diverses sortes d'ouvrages, ce qui fait conjecturer que ces vitres ont été données par des artisans de différentes communautés qui travaillaient en fer. »

(2) *Ms. de Pagés*, t. 1ᵉʳ, 2ᵉ dial., p. 8 et suiv.

remplaça la première figure par une autre qui représentait notre sculpteur à l'âge de 58 ans.

Les côtés du cadre de l'œuvre de Blasset, ajoute Pagés, sont ornés de deux grandes statues en bois doré, peintes de couleurs naturelles. L'une représente Esther, dont la beauté, toute charmante dans l'ancien Testament, fut effacée dans le Nouveau par celle de la très-sainte Vierge, ainsi que nous l'apprennent ces mots écrits au-dessous de la statue : *Estherâ pulchrior*. L'autre statue représente Marie, sœur de Moïse, tenant un tambour de basque à la main. Au-dessous on lit l'inscription : *Mariâ lætior*. Le sens de ces paroles est celui-ci : La sœur de Moïse, dans l'Ancien Testament, a témoigné sa joie, au son des instruments, lorsqu'elle marchait à la tête des femmes pendant et après le passage de la Mer rouge ; elle remplissait alors un rôle analogue à celui de son frère, qui conduisit les hommes durant ce passage et dans les stations diverses du désert. Si vive que fut l'allégresse ressentie et communiquée par la sœur de Moïse, elle devait être surpassée par celle de la divine Marie ; car la Vierge nous a donné le Rédempteur de nos âmes ; elle a enfanté le Dieu qui, par sa mort et sa résurrection, a rouvert la porte du ciel, fermée par le péché : *Clavis David quæ cœlum aperis*.

1626.

Louis Roche, prêtre et bachelier en Théologie.

ROCHE écrasant des enfers la puissance.

Roche donna une lampe d'argent, qui fut suspendue devant le grand crucifix du Jubé de la cathédrale, et sur laquelle était gravée la devise (1).

1627.*

Antoine PINGRÉ, seigneur de Genonville (2), conseiller du roi, receveur-général des aides et gabelles de Picardie, alors premier échevin d'Amiens.

Vierge à PLEIN GRÉ rayonnante de gloire.

La chapelle de N. D. du Puy, dans la cathédrale d'Amiens, fut décorée, en 1627, aux frais de M. Antoine Pingré et de Marie Correur, sa femme. L'assomption de la Vierge est représentée dans le tableau d'autel ; les figures sont de grandeur naturelle. Parmi les apôtres, les uns manifestent leur étonnement à la vue d'un cercueil vide, les autres regardent la Vierge s'élevant au ciel.

— Ce tableau, conservé, est d'une bonne exécution. On y remarque de belles têtes d'apôtres, et la sainte femme, couverte d'un manteau rouge, qui se penche sur le cercueil. La composition est pleine de mouvement, et le coloris rappelle l'école flamande, à laquelle appartenait l'auteur de cette toile, le peintre Franken.

Le donateur, dans son écu, placé en deux endroits de la chapelle, porte d'argent au pin de sinople, chargé de plusieurs pommes de gueules, et surmonté d'un gré, ou grive, de sable (3).— Pagés décrit ainsi la chapelle de la Confré-

(1) *Ms. de Pagés*, t. 2, 5e dial., p. 159.

(2) Genonville, autrefois maison seigneuriale dans le Santerre, située sur l'Avre, de la paroisse de Moreuil, relevant de Moreuil.

(3) *Ms. de Pagés*, t. 1er, 2e dial. p. 67.

rie (1) : « Cette chapelle fait la symétrie, dans la croisée de
la cathédrale, avec celle de saint Sébastien ; elle en diffère
en ce que la plus grande partie des ornements sont en
bois doré, tandis que ceux de la chapelle saint Sébastien
sont en pierre. La chapelle de la Confrérie du Puy est
ornée de quatre belles colonnes couplées, isolées, et de
deux demi-colonnes placées sur le retour de cette chapelle et engagées dans œuvre, dont les fûts lisses, en marbre noir, supportent des chapiteaux d'ordre Corinthien.
Ces chapiteaux, embellis de deux rangs de feuilles, de huit
grandes volutes angulaires, et de huit petites hélices ou
caulicoles, posées contre leur cloche ou tambour, soutiennent l'architrave, avec une belle frise, ornée de branches et de feuilles dorées, sur un fond d'azur. Sous cette
architrave, entre les demi-colonnes et les quatre colonnes
couplées, on voit deux têtes d'anges dorées, servant de
consoles. La corniche est ornée de denticules et de modillons dorés, faits en feuillages et en volutes. Dans le milieu
est placée une grande statue en pierre dorée, plus haute
que nature, représentant la sainte Vierge, qui soutient du
bras gauche son cher fils Jésus, et qui tire de la main droite
un enfant tombé dans un puits (2). Deux autres grandes

(1) *Pagés*, t. 1ᵉʳ, 2ᵉ dial. p. 65.
(2) Au-dessous de la statue, se trouve l'inscription suivante :
Origo confraternitatis putei. — Voir sur l'origine de la Confrérie, *la
Confrérie du Puy*, par M. A. Breuil ; *Mém. de la Soc. des Antiq. de
Picardie*, t. xiii, p. 489 et suiv. — Il est à remarquer que Pagés ne
parle pas de l'inscription placée sous la statue de la Vierge, tandis
qu'il mentionne soigneusement les légendes latines placées au bas
des autres statues de la chapelle du Puy.

statues de ronde bosse, en pierre dorée, sont posées sur des piédouches, placés sur la corniche des deux colonnes couplées. L'une représente le roi David, tenant dans les mains une harpe, qu'il semble vouloir pincer, pour chanter, à la louange de la divine Marie, ces paroles tirées du psaume 44 : *astitit regina a dextris tuis in vestitu deaurato*. L'autre statue, de même grandeur, représente le roi Salomon, tenant d'une main une petite table, qu'il montre de l'autre, pour y faire lire ces paroles du chapitre 8 de ses *Cantiques*, adaptées à la sainte Vierge : *ascendit de deserto deliciis affluens*. Ce passage de l'écriture et le précédent sont gravés en lettres d'or sur des tables de marbre noir, posées au-dessous des statues.

Sur les côtés du retable d'autel, on voit deux autres belles statues, grandes comme nature ; l'une est celle de Judith, posée en pied dans une attitude fière et majestueuse, levant les yeux au ciel, comme pour le remercier d'avoir permis qu'elle ôtât la vie au superbe Holopherne, dont elle tient la tête, d'une main, et le sabre, de l'autre. Une table de marbre noir, posée à ses pieds, renferme, gravées en lettres d'or, ces paroles que le peuple juif chanta à la louange de cette illustre veuve : *tu gloria Jerusalem* (Judith, 5, 10). L'autre statue est celle de la reine Esther, également très-bien sculptée, ayant une attitude toute royale, et exprimant une engageante douceur. Les paroles gravées en lettres d'or, au bas de cette statue, sont celles-ci : *posuit diadema regni in capite ejus*. Les deux inscriptions latines conviennent d'ailleurs très-bien à la louange de Marie.

Une balustrade sert de clôture à la chapelle ; elle est

formée par des balustres de cuivre jaune, façonnés en
petites colonnes ; le même métal a été employé pour les
battants de la porte, qui sont délicatement travaillés à
jour. Les appuis de cette balustrade, faits d'un marbre
noir, supportent huit vases en cuivre jaune, ornés de belles moulures ; les degrés ou marches, aussi de marbre
noir, forment un demi-cercle ; enfin le pavé se compose
de compartiments de marbre de diverses couleurs. »

La décoration de la chapelle du Puy, décrite par Pagés,
existe encore ; elle est lithographiée dans *la Picardie* de
Taylor.—Suivant Gilbert, les statues seraient l'ouvrage de
Blasset. — La statue d'Esther, brisée pendant la révolution, a été remplacée par une statue de sainte Geneviève,
provenant de l'ancien couvent *des Sœurs de la Providence*.

1628 *.

Augustin CORDELOIS, prêtre et chapelain :

Vierge ès acCORDS DE LOIX d'amour parfaite.

La Vierge est peinte dans une attitude de défaillance, au
moment où elle est séparée de Jésus, après l'Ascension.
Des anges la relèvent et la soutiennent ; Jésus, du haut
des cieux, tend les bras à sa mère et semble l'appeler auprès de lui. Ce tableau passait pour n'être qu'une copie de
celui qui se trouvait derrière le maître-autel de l'église
des religieuses de saint François, appelées sœurs-grises.
Il était placé dans le retable d'autel de la chapelle saint
Etienne, donné par Cordelois. (1)

(1) Le tableau décrit par Pagés paraît avoir la plus complète ana-
logie avec celui qui existe encore dans la chapelle saint Etienne, et
que Gilbert (*Description de la cathédrale*, p. 158) attribue au frère

« Ce retable, dit Pagés (1), est orné de modillons dorés, taillés en feuillages et en volutes, avec des denticules. Quatre grandes colonnes de bois blanchi, cannelées, à doubles listels dorés, d'ordre corinthien, en font un des principaux ornements. Deux statues de bois doré, sculptées de grandeur naturelle, dont l'une représente saint Etienne et l'autre saint Augustin, assis sur des roulements

Luc. Cependant si Augustin Cordelois a donné le tableau actuel, il ne peut être l'ouvrage du frère Luc, car ce peintre est né à Amiens en 1615, et n'avait, par conséquent, que 13 ans au moment de la maitrise de Cordelois. — On voit d'ailleurs que, suivant Pagés, le tableau de la chapelle saint Etienne passait pour n'être qu'une copie de celui qui se trouvait dans la chapelle des Sœurs-grises. Nous nous sommes reporté à la description de cette chapelle, faite par Pagés, et nous y avons trouvé ce qui suit : « Un grand tableau, placé dans le contre-retable d'autel, représente la Vierge dans cet excès de langueur où la jeta l'absence de son cher fils, après son ascension dans le ciel. Quelques-uns veulent que ce tableau, *peint par M. de Lahire*, habile peintre de Paris, soit l'original de celui dont il est parlé au sujet de la chapelle saint Laurent (saint Etienne) dans la cathédrale. »

Si le tableau actuel est le même que le tableau décrit par Pagés, c'est donc une simple copie de celui qui se trouvait chez les Sœurs-grises, et nullement un ouvrage du frère Luc ; si ce tableau a été substitué à la peinture vue par Pagés, nous pensons encore qu'il ne peut-être attribué au frère Luc. En le comparant avec le beau tableau de ce peintre, qui est conservé chez les dames du Sacré-Cœur, on partagera notre opinion. Les deux ouvrages n'ont entre eux aucune ressemblance d'exécution.

Le tableau de la chapelle saint Etienne n'est, à vrai dire, qu'une ébauche, ayant quelque mérite. Sous le rapport du dessin et de l'expression, la vierge est assez remarquable.

(1) Ms. de Pagés, t. 1er, 2e dial. p. 12.

placés contre les piédestaux des colonnes, embellissent
encore ce retable d'autel. Il est surmonté d'un fronton
angulaire brisé. Dans le milieu du tympan, on voit un
ange sculpté de grandeur naturelle, qui tient un cœur
d'une main, et de l'autre une flèche, dont la pointe est en-
flammée.

Ce cœur figure celui de la sainte Vierge, qui demeurait
dans l'abattement sur la terre, pendant qu'elle était séparée de son fils, unique objet de ses tendres délices. »

1629.

Adrien DE LA MORLIÈRE, pour la seconde fois maître
du Puy (1).

Belle d'effet, d'apparence brunie.

Au lieu d'un tableau, il donna à la Confrérie une croix
d'argent pesant sept marcs. (2)

1630.

Alexandre LECLERC, prêtre, maître ès-arts, chanoine et
préchantre de Notre-Dame.

Phare guidant des humains l'espérance.

Il fit faire le retable d'autel de la chapelle saint Michel,
autrement dite des saints Crépin et Crépinien (3),
avec un petit tableau, posé contre la muraille, devant l'au-

(1) Voir l'année 1618.
(2) *Pagés*, t. 2, 5e dial. p. 161.
(3) Aujourd'hui chapelle saint Salve, bas-côté gauche de la nef.

10.

tel de cette chapelle. Au bas de la peinture on lisait le refrain : *phare,* etc. (1)

1632.*

Jean QUIGNON, bourgeois et marchand, ancien échevin.

Dessus l'enfer agréable victoire.

Quignon et Madeleine Boullet, son épouse, donnèrent une grande et belle statue en marbre blanc, qui représentait la Vierge foulant aux pieds un squelette, figure de la Mort, et écrasant un serpent, figure du démon. Cette statue isolée était placée dans un grand cadre de marbre noir, embelli de pilastres, d'ordre composite, en marbre de Rance. Ce marbre du Hainaut est veiné de rouge sale, de blanc et de bleu. Un fronton sphérique formait le couronnement, et, sur la cimaise, on voyait de petites figures d'anges en marbre blanc, délicatement sculptées ; une colonne de marbre noir, d'ordre toscan, soutenait tout l'ouvrage (2).

Pagés donne les plus grands éloges à l'œuvre de sculpture offerte par Quignon.

Cette œuvre de sculpture est attribuée à Blasset ; elle existe encore, presque entière, dans la chapelle de Notre-Dame de Bon-Secours, à la cathédrale. L'attitude de la Vierge est remplie de mouvement et convient très-bien au sujet ; sa tête est belle ; les draperies sont d'un style large, et parfaitement traitées.

(1) *Ms. de Pagés*, t. 2, 5e dial. p. 159.
(2) *Ibid.*, t. 1er, 2e dial. p. 60.

Quignon porte : d'argent, à la bande de gueules, de quatre pièces.

1634 et 1635.*

1634 : Jean Hémart, bourgeois et marchand.

Jésus mourant dES MARTyrs est la gloire.

1635 : François Mouret, ancien échevin, seigneur de la Mairie de Vers et autres lieux.

Forte est la mort, l'aMOUR EST sa victoire.

Ces deux maîtres firent exécuter, en 1634 et 1635, la décoration de la chapelle de saint Sébastien, dans la cathédrale. Cette décoration existe encore aujourd'hui.

Pagés décrit ainsi la chapelle : « On y voit quatre belles colonnes couplées et quatre demi-colonnes engagées dans œuvre, dont le fût est en marbre noir lisse, et qui appartiennent à l'ordre corinthien. Deux statues en pierre, de grandeur naturelle, représentant saint Louis et saint Roch, font la décoration des deux côtés du bas. Sur la corniche, ornée de modillons dorés, en feuillages et en volutes, sont assises deux autres statues en pierre. L'une, celle de la Paix, tient une corne d'abondance, l'autre, celle de la Justice, tient une balance. Au milieu de ce corps d'architecture et de sculpture, paraît une statue en pied, entièrement isolée, plus grande que nature, représentant saint Sébastien, percé de flèches. (1)

(1) Gilbert (*Descript. de la cath.* p. 210) attribue à Blasset les statues de la chapelle saint Sébastien. — En 1832, MM. Duthoit ont exécuté une statue de saint Louis, pour remplacer celle qui avait été brisée en 1793.

Le grand tableau du retable d'autel, dit encore Pagés, a pour sujet la *Descente de croix*. La sainte Vierge est plongée dans la douleur à la vue du corps de son fils. On y voit les portraits de Mgr Lefebvre de Caumartin, évêque d'Amiens, et du roi Louis XIII. MM. Hémard et Mouret, donateurs, sont peints aussi dans le tableau avec leurs devises (1). Un autre vers palinodial, gravé en lettres d'or dans un cartouche en marbre noir, renferme un double jeu de mots sur les noms des deux donateurs ; il est ainsi conçu :

En Jésus ET MARie notre aMOUR EST uni. (2)

1636.

Mathieu Guillou, prêtre et chanoine, sous-trésorier de la cathédrale.

Vierge aux élus un TRÉSOR amassé.

Il fit faire la table d'autel de la petite chapelle où repo-

---

(1) Le tableau actuel n'est pas celui qui avait été donné par les deux maîtres du Puy, et que décrit Pagés. Il représente Jésus en croix : la Vierge et saint Jean se tiennent debout auprès du Sauveur. — Gilbert prétend que cette peinture a été exécutée en **1638** par Quentin Varin. Nous sommes persuadé qu'il se trompe. C'est un ouvrage très-médiocre, substitué, l'on ne sait par quelle main, et à quelle époque, au tableau de **1634-1635**, dont il diffère complètement.

(2) Mouret portait : d'azur, au bouquet d'amourettes d'or, en cœur, accompagné en flanc de deux étoiles de même, et de trois croissants d'argent, deux en chef et un en pointe. (Blason communiqué par M. Goze).

sait le chef de saint Jean-Baptiste. Sur cette table on lisait sa devise (1).

1637.*

François Dufresne, sieur d'Omécourt, marchand et bourgeois d'Amiens.

Humilité sur les cieux exaltée. (2)

M. Dufresne et Geneviève Cornet, sa femme, firent exécuter par Blasset un groupe en marbre blanc, qui représente l'assomption de la Vierge. Marie, accompagnée d'anges, s'élève aux cieux, pour y être couronnée par les mains du Père Eternel. « Cet ouvrage, placé, dit Pagés (3), contre une des faces de la troisième colonne isolée du côté gauche de la nef, est supporté par une colonne lisse en marbre noir, d'ordre toscan, et entouré d'un cadre également en marbre noir. »

— Cette Assomption, due au ciseau de Blasset, à laquelle Gilbert (*Descript. de la Cathédrale*, p. 241) paie, comme Pagés, un tribut d'éloges, avait été enlevée de la nef, et placée, nous ne savons à quelle époque, au dessus de l'autel de la *petite paroisse*. Ce bel ouvrage, qui, dans les projets de l'architecte Viollet-Leduc, ne pouvait plus faire partie de la décoration de la *petite paroisse*, a disparu de la

(1) C'était dans la chapelle de saint Lambert, aujourd'hui supprimée, et dont l'emplacement sert de vestibule d'entrée au portail de saint Christophe, que reposait le chef de saint Jean-Baptiste. Il y resta jusqu'en 1759, époque à laquelle il fut transféré dans la chapelle qui porte aujourd'hui son nom.

(2) *Respexit humilitatem ancillæ suæ, et exaltavit humiles.*

(3) *Ms. de Pagés*, t. 1er, 2e dial. p. 64.

cathédrale. Un ancien marchand de nouveautés, M. Leroy-Boulogne, a fait transporter le groupe dans la *Maison de charité* voisine de Notre-Dame. La Vierge est actuellement placée dans la petite chapelle de cette maison, au-dessus de l'autel. Cette statue, grande comme nature, faite pour être vue à une certaine hauteur, touche au plafond, et sa masse écrase l'autel. Il était impossible de lui choisir une place moins convenable. Quant aux anges et au Père-éternel, M. Leroy-Boulogne, ne sachant qu'en faire, les a tout simplement relégués dans un coin du grenier de la maison de charité (1).

1647.

François DUFRESNE, prêtre et chanoine.

Reine des cieux, des FRANÇOIS tutélaire.

Il donna une chasuble et un parement de retable d'autel (2).

(1) Au mois de mars 1857, j'ai informé la Société des Antiquaires de Picardie de ces faits déplorables. La Société a chargé son bureau et quelques-uns de ses membres de se rendre auprès de M.gr l'évêque d'Amiens, et de demander que, dans le cas où l'*Assomption* ne pourrait être replacée convenablement, soit dans la cathédrale, soit dans une autre église d'Amiens, elle fût remise au Musée, comme objet d'art. M.gr l'évêque a d'abord reçu les délégués de la Société avec une parfaite bienveillance, puis, dans une conférence particulière, que M. Dufour et moi nous avons eue avec sa Grandeur, elle nous a promis que l'*Assomption* serait *honorablement et convenablement placée.* — A. Breuil.

(2) *Ms. de Pagés*, tome 2.e, 5.e dialogue, p. 161.

1648. *

Honoré Quignon, avocat, seigneur de la mairie de
Fréchencourt.

Fils de David, à bon droit HONORÉ.

Quignon et Madelaine d'Araynes, sa femme, donnèrent
les sculptures relatives à l'histoire de la Vierge, qui sur-
montent les tables en marbre noir où se trouvent gravés
les noms et les refrains des maîtres de la confrérie. Ces
sculptures en marbre blanc, attribuées à Blasset, existent
encore dans la cathédrale, ainsi que les tables.

Sur la première table est gravée l'inscription suivante :

« *A la gloire de Dieu et à l'honneur de la sainte Vierge,
M.ᵉ Honoré Quignon, avocat, maître de la confrérie de Nostre-
Dame du puits en ceste année, et dame Madelaine d'Araynes, sa
femme, ont donné ceste représentation de Nostre-Dame du puits
et les autres apposées au dessus des cinq tables suivantes, l'an 1648.*

*Et les maîtres de la dicte confrérie érigée en ceste église,
esmus de la piété de leurs devanciers, pour exciter la dévotion des gens de bien, ont faict faire ces tables conte-
nantes les noms, qualités et refrains des Mᵉˢ qui se sont en-
rôlés en la dicte confrérie depuis l'an 1389 jusqu'à présent.* »

Voici les sujets des bas-reliefs placés au dessus des
tables :

1. La Vierge tenant l'enfant Jésus et posant la main sur
un puits.
2. La Présentation de la Vierge au temple.
3. L'Annonciation,
4. La Visitation.

5. La Présentation de Jésus au temple.
6. L'Assomption.
7. Le couronnement de la Vierge.

1649.

Jean PATTE, prêtre chapelain, maître de musique de la cathédrale et ancien enfant de chœur.

Nourrisson de Joseph, vrai Dieu, fils de Marie.

Ce maître donna le retable d'autel de la chapelle St.-Quentin, avec un tableau où l'on voyait la sainte Vierge et saint Joseph représentés en pied, et tenant l'enfant Jésus par la main. Les portraits de Jean Patte, vêtu d'un surplis, et de son père, vieillard vénérable aux cheveux blancs, et portant *des habits noirs de bourgeois*, selon les expressions de Pagés (1), étaient peints dans deux tableaux placés dans des cartouches ovales à bordure dorée, attachés aux deux côtés de l'autel, sur des colonnes couplées, d'ordre ionique.

1650. *

Frère Claude PIERRE, prêtre, religieux profès, chanoine régulier de l'abbaye de St.-Acheul, vicarial en l'église Notre-Dame pour cette abbaye.

PIERRE sacrée où le serpent se brise.

Un groupe de sculpture, dû au ciseau de Blasset, fut offert par le maître de 1650. Cet ouvrage existe encore dans le transept droit de la cathédrale. Voici la description qu'en donne Pagés (2) :

(1) *Ms. de Pagés*, tome 1er, 1er dial. p. 104.
(2) *Ibid.*, tome 1er, 2e dialogue, p. 20.

« Un chanoine, vêtu d'un surplis, est à genoux devant la divine Marie, qui tient Jésus entre ses bras. Ce
dévôt ecclésiastique semble s'avancer pour baiser le bout
du pied de l'Enfant-Dieu. Il est présenté par saint Claude,
son patron, portant la chape, coiffé de la mître, et tenant la crosse à la main. Ce groupe magnifique est un
des plus beaux ouvrages de Blasset. Il est soutenu par
un piédestal, au milieu duquel on voit une très-belle tête
humaine.

Au bas est placée l'inscription suivante :

Frère Claude Pierre, p.^bre *religieux profez, chanoine re-
gulier de l'abbaye de S*^t.*-Achœul-lez-Amyens, et vicarial en
l'église de Nostre-Dame d'Amyens pour la dicte abbaye, a
offert à Dieu et à la glorieuse Vierge mère ceste image, en
l'année* 1650; *estant maistre de la confrérie de Nostre-Dame
du Pvi.*

Pierre sacrée où le serpent se brise. »

1651.

Gaspard **Baillet**, marchand brasseur.

D'un BRAS SEUR (1) *je soutiens celui qui BAILLE ET donne.*

Il donna deux chandeliers d'argent (2).

1652.

Philippe **du Tilloy**, marchand brasseur.

D'UTILE LOI gardienne fidèle.

Il donna un bénitier d'argent (3).

(1) Sûr.
(2) *Ms. de Pagès*, tome 2, 5° dial., p. 160.
(3) *Ibid.*

1653.

Pierre DE VILLERS, prêtre, bachelier en Théologie, doyen du Chapitre de Vignacourt.

Vierge aux pécheurs VILLE ET lieu de refuge.

Il donna une chasuble, un voile et d'autres ornements (1).

1654.*

Antoine MOURET, bourgeois.

Son service est si doux qu'il n'est qu'aMOUR ET joie.

La statue donnée par A. Mouret, et sculptée, dit-on, par Blasset, était originairement placée contre le pilier qui se trouve devant la chapelle de St.-Honoré. « Cette belle statue en marbre blanc, dit Pagés (2), représente la sainte Vierge regardant amoureusement son fils qu'elle tient entre ses bras. La taille de Marie est noble et majestueuse. Elle est placée dans un beau cadre, délicatement sculpté, dont le fond est de marbre noir. Une colonne de marbre noir, d'ordre toscan, soutient ce riche ouvrage. »

La statue de la Vierge se trouve actuellement dans la chapelle de Notre-Dame de la Paix, la cinquième du bas-côté gauche de la nef (3). Elle est digne, selon Gilbert (4), de fixer les regards des artistes et des amateurs des arts ; la draperie qui recouvre la tunique de la Vierge passe pour un chef-d'œuvre de sculpture.

Nous pensons, nous, que l'enfant Jésus est beaucoup

(1) *Ms. de Pagés,* t. 2. 5e dial., p. 160.
(2) *Ibid.,* t. 1er, 2e dial., p. 58.
(3) Autrefois chapelle de St.-Louis.
(4) *Description de la Cath. d'Amiens,* p. 172.

plus remarquable que la Vierge. Il est d'une vérité frappante. Sa figure, gracieuse et divine, attire et captive les regards.

1655.*

Antoine PIÈCE, sieur de Bours (1), bourgeois.

PIÈCE sans prix, Vierge et mère sans tâche.

Il fit don d'un bel ouvrage de sculpture, dû au ciseau de Blasset. Dans un grand cadre de marbre noir, veiné de blanc, se trouve un groupe en marbre blanc, qui représente en demi-bosse l'ange Gabriel saluant la Vierge, agenouillée dans une humble attitude. Le Père éternel, sous la figure d'un vieillard vénérable, et le Saint-Esprit, sous celle d'une colombe, occupent le milieu du fronton angulaire, qui forme le couronnement de l'ouvrage (2).

Cette sculpture de Blasset existe encore aujourd'hui dans la seconde chapelle du bas-côté droit de la nef, appelée chapelle de l'Annonciation, et connue autrefois sous le nom de *Notre-Dame du Jardinet.*

On lit au bas cette inscription :

Vient d'Antoine Pièce, maistre de la confrérie de N.-D. du Puy, et de Françoise Décourt, sa femme; présentée à la glorieuse Vierge en 1655, cent trois ans après que le bisaïeul dudit Pièce a esté maistre de la même Confrérie (3).

1656.

Nicolas BARBE, marchand.

Du jardin clos rhuBARBE salutaire.

(1) Le Bours était une dépendance de la paroisse de St.-Firmin, dans le Marquenterre.

(2) *Ms. de Pagés*, t. 1er, 2e dial., p. 62.

(3) Voir l'année 1552.

Barbe et sa femme, Antoinette Delattre, donnèrent deux bénitiers. Ils étaient en marbre blanc de Rance, veiné de plusieurs couleurs. Une colonne, avec son piédestal de marbre noir de Charlemont, leur servait d c support. Des tables, de marbre noir, posées au-dessus de ces bénitiers, montraient gravées en lettres d'or les devises suivantes, qui renfermaient des jeux de mots sur les noms des donateurs :

J'adore Jésus-Christ du culte DE LATRie.
J'honore sainte BARBE et me donne à Marie (1).

1658.

Jean QUIGNON, prêtre, chapelain et vicaire de Notre-Dame.

Offrande pacifique en ce saint temps de paix.

Ce maître donna le tableau du retable d'autel de la chapelle de St.-Jean-l'Évangéliste, représentant la Purification de la Vierge et la Présentation de Jésus au Temple.

Le retable de la chapelle de saint Jean l'Evangéliste (2), dit Pagés (3), est en bois doré; les deux côtés sont ornés de pilastres et de colonnes corolitiques, d'ordre corinthien, dont les fûts, tournés en lignes spirales, sont chargés de feuillages à l'entour.

1659.

Jean DELATTRE, bourgeois et marchand :

Jésus naquit de la très-sainte Vierge.

(1) *Ms. de Pagés*, t. 1er, 2e dial., p. 62.
(2) Aujourd'hui chapelle de Notre-Dame-de-Bon-Secours.
(3) *Ms. de Pagés*, t. 1er, 1er dial. p. 101.

Il fit faire un tableau de sculpture représentant la Nativité de Jésus-Christ.

« L'écu de M. Delattre, dit Pagés (1), est attaché à l'un des deux pilastres, d'ordre composite, qui ornent le cadre de ce bel ouvrage. On voit qu'il porte d'azur, à trois aigles ou aiglons d'or, deux et un. Sur l'autre pilastre, se trouve le même écu parti, et divisé en deux parties égales par une ligne, qui va du haut en bas. Une moitié est remplie par l'écu de M. Delattre, et l'autre par celui de Mlle Marguerite Ducrocquet, son épouse, qui porte d'or, à deux escurieux d'azur, les deux escurieux assis, croquant chacun une noix, l'un au côté senestre du chef, et l'autre au côté dextre. »

1661.

Antoine PICART, prêtre et chanoine de la cathédrale, seigneur d'Aubercourt. (2)

Contre l'asPIC ART est seur en Marie.

Il donna trois cents livres pour réparer les grandes et les petites orgues de la cathédrale (3).

Picart porte : de gueules, à trois chausse-trapes d'argent, posées deux et une (blason communiqué par M. Goze).

1662.

Christophe CUSSON, bourgeois :

éCUSSON pris dans le sein d'une vierge.

(1) *Ms. de Pagés*, t. 1er, 1er dial. p. 87.
(2) Aujourd'hui annexe de Demuin, canton de Moreuil, arrondissement de Montdidier. — Jacques Picard, seigneur d'Aubercourt, était lieutenant du bailli d'Amiens, en 1586.
(3) *Ms. de Pagés*, t. 2, 5e dial. p. 160.

Il donna un parement d'autel, en gros de Naples blanc, brodé d'or et d'argent, puis des rideaux et des pentes de satin blanc. (1)

1663.

Messire Charles d'AILLY, abbé de saint Fuscien-au-Bois.

Vois dans ce CHAR LES gages d'ALLIance.

Il donna une chasuble, un voile, deux coussins, et un custode à deux envers. (2)

D'Ailly porte : de gueules, à l'alizier d'argent posé en couronne et en double sautoir, au chef échiqueté d'argent et d'azur, de trois tires. (Blason communiqué par M. Goze).

1664.

Nicolas LELEU, prêtre chanoine de saint Nicolas-au-Cloître, sous-trésorier de la cathédrale.

L'ELEUe en qui le verbe s'est fait homme.

Il fit enrichir et dorer le retable d'autel de la chapelle de sainte Ulphe (3). Dans le tableau placé au centre de ce retable, il était représenté à côté de Mgr Faure, évêque d'Amiens.

1665.

Christophe RINGARD, prêtre, chapelain de la Confrérie.

Du souveRAIN GARDant le saint troupeau.

(1) *Ms. de Pagés* t. 2, 5e dial. p. 161.
(2) *Ibid* t. 2, 5e dial. p. 161.
(3) *Ibid.*, t. 2, 5e dial. p. 160. — La chapelle de saint Ulphe est aujourd'hui la chapelle du Sauveur, dans le bas côté gauche de la nef.

Il donna sa maison à la Confrérie, en s'en réservant l'usufruit (1).

1666.*

François Quignon, chirurgien.

Croix aimable à Jésus, quoiQU'IGNOMinieuse.

« Son tableau, dit Pagés (2), est un ouvrage de Claude François, dit frère Luc, Récollet. La Vierge, peinte de grandeur naturelle, y tient dans ses bras son fils Jésus, qui regarde amoureusement la croix. Le frère Luc a peint en outre, en camaïeu, dans l'intérieur des volets, la *Salutation angélique* et la *Nativité de notre Seigneur.* »

— Ce tableau est conservé dans la chapelle des *Dames du Sacré-Cœur* d'Amiens. Il a, dit-on, été restauré, il y a une dizaine d'années. — L'enfant Jésus se recommande par un coloris très-frais, une bonne exécution, et par l'expression sublime de sa physionomie. La figure de la Vierge est trop charnue et sans caractère, mais son attitude est excellente, et ses draperies sont bien traitées. Le petit ange, qui porte la croix et la présente à l'enfant Jésus, produit un très-bon effet et mérite des éloges. En résumé, ce tableau, dont la composition est fort ingénieuse, fait le plus grand honneur au frère Luc. On regrette que les volets soient perdus.

Au bas de la toile se trouvent les quatre vers suivants :

Saincte Vierge agréez ce tableau très-chrétien,
Pièce de frère Luc, aussi saincte que belle,
Que vous offre François Quignon le chirurgien,
Avec Jeanne Véru, son épouse fidèle.

(1) *Ms. de Pagés,* t. 2, 5e dial. p. 160.
(2) *Ibid.,* t. 1er, 2e dial. p. 10.

1667.

François LANDON, bourgeois et marchand :

Heureux le jour de L'AN DON de grâce appelé.

Il donna une tunique et une dalmatique de brocart d'argent, à fleurs d'or. (1)

1668.

Jean DODEREL, marchand orfèvre :

D'ORDRE EST La Vierge en charité sublime.

Il fit don d'un calice d'argent ciselé, doré à l'intérieur, et de la patène, pesant ensemble quatre marcs (2).

1670.

Jacques HÉMART, prêtre, chanoine et pénitencier de Notre-Dame d'Amiens.

PÉNITENCE est le fruit de Jésus ET MARie.

Il donna à la Confrérie un petit bassin d'argent ciselé, avec des burettes de même métal, pesant ensemble trois marcs, une once, six gros. (3)

1671.

Charles RIGAUVILLE, échevin :

Des claires eaux du PUITS J'ARROSE cette VILLE.

Il donna deux pentes et deux rideaux de velours bleu, garnis de franges d'argent (4).

(1) *Ms. de Pagés,* t. 2, 5ᵉ dial. p. 161.
(2) *Ibid.,* t. 2, 5ᵉ dial. p. 160.
(3) *Ibid.,* t. 2, 5ᵉ dial. p. 160.
(4) *Ibid,.* t. 2, 5ᵉ dial. p. 160.

1675.

Jacques POSTEL, marchand cirier, épicier :

Vierge, chacun t'invoque en ton POSTE ÉLevé.

Il donna une chasuble de brocart, fond d'argent à fleurs d'or (1).

1678. *

Michel MARTIN, procureur et notaire.

MICHEL MARTIN accompagne Marie.

« Il fit don d'une statue en marbre blanc, de grandeur naturelle, qui représente la Vierge tenant son fils entre ses bras. Elle était placée dans une grande niche en bois doré, accompagnée de deux colonnes d'ordre ionique (2). »

Cette statue, attribuée à Blasset, se trouve actuellement dans la chapelle de l'Incarnation, la troisième du bas-côté droit de la nef.

1681.

Guillaume PIHAN, prêtre, chapelain de Notre–Dame.

Marie pleurant Jésus exPIANT nos péchés.

Il donna un missel couvert de maroquin rouge, et deux chandeliers de cuivre, à trois pans (3).

1685.

Charles DEGRAIN, prêtre, chapelain de la confrérie.

GRAIN germé dans le sein d'une Vierge féconde.

(1) *Ms. de Pagés*, t. 2, 5ᵉ dial. p. 160.
(2) *Ibid.*, t. 1.ᵉʳ, 2.ᵉ dial., p. 10.
(3) *Ibid.*, t. II. 5.ᵉ dial., p. 160.

11.

Il donna deux voiles, l'un de brocart rouge, et l'autre noir, garnis de dentelles d'argent (1).

1686.

Charles Guébuin, prêtre, chapelain de Notre-Dame.

Ton mérite est un GUÉ BIEN assuré, Marie.

Il donna trois aubes, garnies de dentelle.

1693.

Jean Pellée, échevin.

Marie, pleine de grâce, fut par l'ange apPELLÉE.

C'est le dernier maître dont les tables de marbre mentionnent la devise.

———

Nous ajoutons à ce catalogue quelques renseignements puisés dans Pagés, relatifs au frère Luc et à Blasset.

Le frère Luc.

Claude-François, appelé le frère Luc en religion, était originaire d'Amiens. Fort jeune encore, il alla étudier la peinture à Paris, sous la direction de Voüet. Après y avoir séjourné quelque temps, il fit le voyage de Rome, pour s'y perfectionner par l'étude des grands maîtres. Revenu à Paris, le jeune peintre ne manqua pas d'occasions d'exercer son talent, et ses ouvrages lui valurent une réputation méritée. Ce brillant début semblait lui promettre une haute fortune; mais, préférant l'humilité de la religion aux espérances du siècle, il entra comme

(1) *Ms. de Pagés*, t. ii. 5.e dial., p. 160.

religieux dans le couvent des Récollets du faubourg St.-Martin, en 1641. Trois ans plus tard, en 1644, il fit profession, à l'âge de vingt-neuf ans. M.ᵍʳ de Pèrefixe, archevêque de Paris, voulut l'élever au sacerdoce; mais sa modestie l'empêcha de céder au désir de son protecteur, et il ne reçut que le diaconat. Il remplit de ses tableaux plusieurs maisons de son ordre, et mourut le 17 mai 1685, âgé de 72 ans (*Pagés*, t. i.ᵉʳ, 2.ᵉ dial. p. 65).

Pagés mentionne comme ayant été donné en 1671, par M. Casse, ou Mathieu Vasse, chapelain, un tableau où le frère Luc avait représenté la Vierge et son fils, peints de grandeur naturelle. Jésus tenait par la main Marie, qu'il élevait et conduisait dans la gloire (*Pagés*, t. i.ᵉʳ, 2.ᵉ dial., p. 64).

Un autre tableau du frère Luc décorait l'église des Jacobins d'Amiens; il avait pour sujet l'Assomption de la Vierge. Trois tableaux dus au même peintre, et qui existaient à Amiens, représentaient l'Assomption.

Dans un tableau de l'église des Augustins, représentant la sainte Vierge, à laquelle saint Augustin présente un enfant mort, le frère Luc avait fait son propre portrait (1).

(1) M. Dusevel (*Hist. d'Amiens*, 2.ᵉ édit, p. 116), s'exprime ainsi au sujet de ce tableau. « On raconte qu'étant tombé du haut du pont du Cange dans la Somme, à l'âge de 12 à 15 ans, il (le frère Luc) n'échappa à la mort que par une espèce de miracle, et que, pour en témoigner sa reconnaissance à la Vierge, il promit de se faire Récollet. Il exécuta plus tard cette promesse, et, pour en conserver la mémoire, il peignit un tableau qu'on voyait dans l'église des Augustins d'Amiens, sur lequel le saint fondateur de l'ordre était repré-

BLASSET.

Les renseignements de Pagés ne s'accordent pas avec
ceux qu'a donnés le P. Daire, bien que celui-ci prétende
avoir pris dans les écrits de Pagés ce qu'ils renferment
d'utile. Voici l'analyse de ces renseignements.

L'épitaphe de Nicolas Blasset, architecte et sculpteur du
roi, mort en 1659, et de demoiselle de Sachy, son épouse
en troisièmes noces, est gravée, dit Pagés, sur une table
de marbre placée dans l'église de St.-Firmin-le-Confesseur.
Contre une colonne contigüe, est attachée une autre épitaphe de Blasset et de demoiselle Postel, sa seconde femme.
La table de marbre sur laquelle l'inscription est gravée en
lettres d'or, est entourée d'un cadre de pierres blanches
et dorées, accompagné sur les deux côtés de deux têtes
de mort. Sur le couronnement de cet ouvrage, on voit, en
bas-relief, l'ange Gabriel annonçant à la sainte Vierge
l'heureuse nouvelle.

Dans l'église de St.-Martin-au-Bourg, se trouvent une
statue de la Vierge et une autre statue peinte et dorée de
Ste.-Catherine, placées debout sur des piédestaux. A côté
l'on voit la statue de St.-Martin, coupant son manteau,
pour en revêtir un pauvre estropié, à demi nu, placé
près de lui. Ces trois figures, isolées, et grandes à peu près
comme nature, sont l'ouvrage de Blasset ; elles ont été

senté, montrant un enfant mort à la Vierge, pour le ressusciter.
Au fond de ce tableau (actuellement placé dans l'église de Neuville-
sous-Lœuilly, canton de Conty) étaient retracées toutes les circonstances de l'accident à la suite duquel le frère Luc avait failli périr.
Les étrangers regardaient cette peinture comme un précieux modèle de coloris et de perspective. »

données par les porteurs de dais et de palmes de cette paroisse.

— Dans le cimetière S^t.-Denis, une admirable composition de Blasset a pour sujet la résurrection de Lazare, représentée en figures de grandeur naturelle. Cet ouvrage incomparable a été sculpté aux frais de M. François Hémart, qui y est représenté à genoux, revêtu d'une robe d'échevin, avec d'autres personnes de sa famille. C'est un mausolée magnifique.

A côté de celui-ci se trouve un mausolée non moins beau, mais moins grand, et présentant moins de figures. La Vierge, de grandeur naturelle, est assise et tient l'enfant Jésus entre ses bras; au dessus, l'on voit la figure de la Mort, qui, couchée et à demi enveloppée d'un suaire, présente à Jésus-Christ une couronne de laurier. C'est aussi un ouvrage de Blasset, sculpté en 1641, pour servir de tombeau à M. François Mouret, bourgeois d'Amiens, et à plusieurs de ses parents.

— La belle image de la sainte Vierge, connue sous le nom de Notre-Dame de la Victoire, mérite quelques détails. Peu de temps avant l'époque de la bataille de Rocroy, donnée le 19 mai 1643, le prince de Condé, alors duc d'Enghien, se trouvait à Amiens, où il formait son armée. Un frère convers, portier de l'abbaye de St.-Jean d'Amiens, appelé frère Norbert, et qui se distinguait par sa dévotion à la sainte Vierge, dit au prince qu'il remporterait bientôt une victoire signalée, si, avant la bataille, il se mettait à genoux, et réclamait l'intercession de Marie auprès de son cher fils Jésus. Le religieux assurait qu'une révélation de la mère de miséricorde lui avait appris ce glorieux succès;

il ajoutait que, sur le champ de bataille, le prince se souviendrait de cette prédiction, et aurait la pensée de faire exécuter une belle image de la Vierge, sous le nom de Notre-Dame de la Victoire. En effet la prédiction se réalisa; lorsqu'il vit la victoire assurée, le héros de Rocroi se mit à genoux au milieu du champ de bataille, et commanda à tous les siens d'imiter son exemple, pour remercier Dieu. Il se souvint du frère Norbert, et fit placer dans l'église de l'abbaye de saint Jean d'Amiens une statue de marbre blanc, ouvrage de Blasset (1). Au bas du piédestal l'artiste avait sculpté l'écu des armes du prince, qui porte de Bourbon, c'est-à-dire d'azur à trois fleurs de lis d'or, au bâton raccourci de gueules, posé au milieu et péri en bande. Cet écu était accolé de celui de la princesse, son épouse, qui porte d'or à trois fasces ondées de gueules. Ce sont les armes des Maillé-Brezé.

— Dans le cloître des Jacobins d'Amiens, on voit plusieurs grandes statues en pierre, représentant des saints et des saintes de l'ordre de St.-Dominique, exécutées par Blasset. Dans l'église des Augustins, il y a une statue de St.-Fiacre, du même sculpteur, et, dans l'église de St.-Martin-aux-Jumeaux, l'autel est orné de plusieurs petites figures qu'il a délicatement travaillées. L'église des Minimes renferme aussi des ouvrages de notre sculpteur. Ce sont

(1) Cette statue est actuellement conservée dans l'église de St.-Remi, et décore la chapelle de la Ste.-Vierge. Elle a été reproduite par M. Duthoit, pour en faire le sujet du lot principal de la *Loterie Picarde*, et elle a été fondue en argent. Les draperies en sont belles; mais la tête de la Vierge est trop petite, et sans proportion avec le corps. (Voir dans le Journal l'*Illustration*, le n° du 14 janvier 1854.)

d'abord deux statues de grandeur naturelle, peintes et dorées, représentant St.-François de Paule et St.-Honoré, puis une statue de Jésus-Christ tenant une grande croix, et qui se trouve placée sur le tombeau de dame Marie Dufresne, épouse de Sachy.

Dans une salle principale de l'hôtel-de-ville, on remarque une statue en pierre de la Ste.-Vierge, grande comme nature. Les ornements de la draperie sont dorés. C'est encore une œuvre de Blasset (1).

(1) Ici s'arrête le travail de M. Rigollot. Pour compléter les renseignements sur les ouvrages de Blasset, nous allons extraire de l'*Histoire d'Amiens*, de M. Dusevel, ce qui se rapporte à deux compositions capitales de notre sculpteur, c'est-à-dire au mausolée de M. de Lannoy, dans l'ancienne église des Cordeliers (saint Remi), et à celui du chanoine Lucas, dans la cathédrale.   A. Breuil.

Sur le premier mausolée, M. Dusevel s'exprime ainsi, page 117 : « On voit dans le chœur de l'église, à gauche, le superbe mausolée de Nicolas de Lannoy, seigneur de Dameraucourt, gouverneur de la ville d'Eu et connétable héréditaire du Boulonnais, et de Madelaine Mutterel, dame de Fauville, son épouse, bienfaiteurs de la communauté des Cordeliers. Il est en marbre noir, blanc et jaspé, s'élève à une hauteur de plus de treize mètres, et égale en magnificence les tombeaux de nos rois. Le célèbre Blasset l'exécuta en 1631. L'artiste a représenté, au fond de l'arcade, M. et Mᵐᵉ de Lannoy, nus et déjà couverts des ombres de la mort. Sur la plinthe qui règne au-dessus, paraissent les mêmes personnages à genoux et habillés à la mode du temps où ils vivaient. Des emblèmes, les armoiries des défunts, et des vers latins, embellissent encore ce cénotaphe. — M. le baron Taylor en a donné un dessin dans son *Voyage pittoresque en Picardie*. »

— A la page 107 de son *Histoire*, M. Dusevel parle en ces termes du mausolée du chanoine Lucas. « La reconnaissance éleva le mausolée du chanoine Lucas, homme bienfaisant et vertueux, qui consacra

une partie de sa fortune à l'établissement d'une école de charité e
faveur des orphelins d'Amiens. Le chanoine, revêtu de son costum
est représenté à genoux devant la sainte Vierge, portant l'enfant J
sus dans ses bras. Entre ces deux figures est placée celle du géni
funèbre, vulgairement connu sous le nom d'*Enfant pleureur*. Sa tê
repose sur sa main droite, la gauche est appuyée sur un sablier. Ja
mais la douleur n'eut de plus fidèle interprète, ni une expressio
plus touchante; sous les traits de ce génie, Blasset a exprimé, avec l
sentiment le plus vrai, les regrets de l'enfance abandonnée, arrosar
de ses larmes la tombe de son bienfaiteur. Quelques précaution
qu'aient prises les amis des arts, pendant la tourmente révolution
naire, pour soustraire ce chef-d'œuvre aux injures du vandalism
il n'a pu en être entièrement garanti. Un misérable, dont la frénési
ne sera pas moins immortelle que le chef-d'œuvre qu'il a osé mutiler
en a brisé le nez et le pied droit.

APPENDICES.

N.º I.

Dépenses faites pour le manuscrit offert à la duchesse d'Angoulême (1).

(**Extrait** du *Registre aux Comptes* de la ville d'Amiens, du 28 octobre 1517 au 27 octobre 1518).

Aultres mises et deniers paiez par ledit grant compteur aux personnes et pour les causes qui ensuivent.

Premierement madame la duccesse dAngoulesme, mere du Roy, estant en ceste ville dAmiens au moys de juing de lan mil cincq cens et dix sept, meue d'une singuliere devocion envers la glorieuse vierge Marie, mere de Dieu, fist dire et declarer a messieurs mayeur, prevost et eschevins, quelle vouldroit bien avoir le pourtraict de tous les tableaux, ensamble les balades et champs royaulx mys et presentez a lhonneur dicelle vierge en la grande eglise dicelle ville par les m.ᵉˢ de la confrairie que on dit du Puich, celebree et solempnisee en icelle grande eglise.

(1) Pour faire connaître ces dépenses, M. Rigollot avait emprunté à Pagés quelques notes, dont ce dernier n'indique pas la source et qui sont fort inexactes. Nous avons jugé à propos de remplacer les notes de Pagés par la pièce originale, émanée du grand-compteur et tirée du Registre aux Comptes de 1517.　　　　A. BREUIL.

Sur quoy, lesdits maieur, prevost et eschevins desirans
complaire a icelle dame, et adfin quelle eust la ville et les
habitans en bonne recommandacion envers le roy nostre
seigneur, son bien. ayme fils, delibererent de faire faire
ung grant livre en beau velin ouquel seroient pourtraictz
lesdits tableaux et balades et champs royaulx, assavoir le
pourtraict dun tableau en une parge dicelluy livre et la
balade dicelluy tableau en lautre parge a lopposite, le
plus richement que faire se porroit, et apres seroit ledit
livre lye et couvert de beau velours pers, ce fait, seroit
presente et offert en pur don a icelle dame au nom de ladite ville. En ensuivant laquelle conclusion et deliberacion
mesdits sieurs ont convenu et fait marchie avec Jaque
Platel, paintre, pour faire et tirer de blancq et noir le
pourtraict desdits tableaux en nombre de xlviii, comprins
une histoire y mise a voluncte ou estoit la representacion
dicelle dame la duccesse et de ceulx qui luy presentoient
ledit livre, à la somme de . . . . xlv l.

Item a sire Jehan des Beguignes, prestre, pour avoir
escript en bonne lectre de forme les dictes balades et
champs royaulx dedens icelluy livre, la somme de. . xii l.

Item au dit sire Jehan, pour le parchemin ouquel les-
d^{ts} pourtraictz et balades ont este fais et escrips . . lxxii s.

Item a Guy le Flameng, enlumineur demourant audit
Amiens, pour avoir bien richement fait et enlumine les
grandes lectres des dites balades . . . . . xiii l, x s.

Item et pour ce que en aucuns desd^{ts} tableaux, comme
a cellui de feu Guy de Thalemas et autres, les balades estoient adhires, mesd^{ts} sieurs en ont fait faire d'autres par
Nicolas de la Motte, rethoricien auquel a este donne pour
sa peine ung escu de . . . . xl s.

Item apres que les d^{ts} pourtraictz diceulx tableaux furent

faiz et tirez de blancq et noir, a raison quil ny avoit ouvrier
en ceste ville pour le bien et souffissamment enluminer et
estoffer, fut conclud que Pierre Louvel, qui estoit commis
pour aller a Paris faire taxer les despens esquelz monsieur
du Reux avoit este condempne envers lad ville, porteroit
icelluy livre audit lieu de Paris et marchanderoit de icelluy
enluminer et histoirier le plus richement quil seroit possible pour lhonneur de lad^e ville, ce qui a este fait, ouquel
voiage led Louvel seiourna xix jours, pour chascun desquelz luy fut taxe xxxii s., qui montent a . . . xxx l. viii s.

Item a este paie a Jehan Pinchon, enlumineur et historien demourant aud Paris, et qui deue lui estoit par
marchie fait avec luy pour avoir enlumine bien richement
xlviii histoirez estans audit livre, la somme de . vi^xx l.

Aux enffans et serviteurs dud Pinchon a qui leur avoit
este promis adfin de besongner bien et soigneusement
aud ouvrage . . . . l s.

Item a Pierre Favereux relyeur, demourant a Paris,
pour avoir nettoye, tympane, cele, dore, relye et couvert led livre, la somme de. . . . . . . vi l.

Item pour une grande custode noire en laquelle a este
mis et porte led livre, comprins les cordons de soye
persse . . . . xxxviii s.

Item pour le velours pers dont led livre a este couvert . . . . , vii l. xii s.

Item pour le canevach, cotton et toille ciree en laquelle
led livre a este empacquette, pour doubte quil ne fut
dommage . . . . xii s.

Item pour le vin et despence fete en faisant avec led
enlumineur icelluy marchie. . . . . . . xxiiii s.

Item pour le salaire dicelluy qui a este querir led livre
de ceste ville dAmiens en la ville de Paris et icelluy ap-

porte aud Amiens, en ce comprins quatre balades adjous-
tees a icelluy livre aud lieu de Paris. . . . LXXVI s.

Item et apres que led livre eust este veu et visite par
mesd^{ts} sieurs il fut conclud que Andrieu de Monssures et
Pierre Louvel, eschevins de lad ville, yroient icelluy
presenter a lad dame, mere du roy, lors estant à Amboise,
en luy supliant quelle voulsist avoir tousiours la ville et les
habitans en bonne recomandacion, mais paravant ce faire,
seroit led livre porte et monstre a monsieur de Piennes,
lieutenant du roy en Picardie, et aussi a monsieur Dardes,
son filz, estans a Pernois, adfin davoir deulx quelques
bonnes lectres audreschier, ce qui a este fait, et a este paie
aud de Monssures pour ung jour par luy vaquie . XXXII s.

Item et pour ce que durant que lesd sieurs Andrieu de
Monssures et Louvel estoient allez en court presenter
icelluy livre, mesd^{ts} sieurs eurent lectres du receveur ge-
neral de France, Mr Jehan Ruze, contenans que le roy de-
mandoit demprunct a icelle ville xv^c l. fut escript a
dilligence ausd^{ts} de Monssures et Louvel que par le moyen
de lad dame, mere du roy, ilz obtinssent, se possible
estoit, exempcion dud emprunct, ce quilz feirrent, ouquel
voiage ilz vacquerrent XXXVI jours, pour chascun desquelz
leur a este paye XXXII s., qui font ensamble . CXV l. IIII s.

Item a este paye au clerc de monsieur le secretaire
Gedoyn pour la descharge de lad somme de xv^c l. ung
escu de . . . . XL s.

Item a maistre Pierre de Monsoy, procureur en parlement, pour avoir fait et dreschie une requeste pour presenter au roy, ung escu de . . . . XL s.

III^c LXX l. XVIII s. (1).

(1) En additionnant les articles du compte, nous avons trouvé deux
livres de moins que le Grand-Compteur, c'est-à-dire seulement 368 l.

N.º II.

**Cierges placés devant les tableaux. — Volets des tableaux , et clo-
quemans chargés de les ouvrir.
Peintres chargés de nettoyer les tableaux.**

On a vu, dans l'Introduction, qu'une des obligations principales des maîtres était de faire exécuter un tableau , qui
devait rester à perpétuité exposé dans la cathédrale. La
plupart ajoutèrent à l'offrande du tableau la fondation d'un
cierge, qui devait être placé devant, et allumé les jours de
fêtes. On trouve dans les papiers de la Confrérie diverses
listes des maîtres qui ont fondé des cierges. Le nombre se
monte à plus de soixante. La fondation pour *l'entretenement
perpétuel d'un cierge et candélabre, mis et posé au-devant du
tableau*, exigeait, en 1504, un capital de trente livres tournois. Le chiffre s'éleva successivement , par suite de la dé-
préciation de l'argent, à 40 , 50 et 75 livres. Plusieurs
remplaçaient ce capital par un cens, ou rente annuelle de
50 ou 60 sous, établi sur des maisons ou autres im-
meubles. L'établissement des cierges prouve bien l'importance que l'on attachait aux tableaux.

Beaucoup de ces tableaux, comme nous l'avons dit ,
étaient fermés par des volets ou panneaux, qui ne s'ouvraient qu'aux grands jours et dans les occasions où les
cierges étaient allumés (1). Des serviteurs, aux gages de la
Confrérie, étaient chargés de cette ouverture , ainsi qu'on

18 s. Au reste, en prenant les chiffres du Grand-Compteur tels qu'ils
sont , on trouve que , eu égard à la valeur de la livre tournois en
1517 , la somme de 370 livres, 18 sous, représente 1,920 fr. 60 c. de
notre monnaie actuelle.   A. BREUIL.

(1) Les réglements déterminaient les jours et les heures.

le voit dans les comptes. Dans celui de 1502-1503 (1), un article porte : « Item à Tassinot et ses compaignons pour avoir ouvert et clos les tableaux et allumé les chierges estant au devant d'iceulx, ensemble pour allumer les lampes . . . . LXIII sols.

Le compte de 1544 (2) dit : « Quil a esté payé VI livres à Jehan le Prevost, Robert Bouchier et autres *cloquemans* de la dite confrairye, pour par eulx avoir, durant l'an de ce compte, ez festes solempnelles, ouvert et clos les manteaulx des tableaulx de la dite confrairye, allumé et esteint les sierges des candelabres estans au devant d'iceulx, et iceulx sierges mys en seureté aprez les festes passées ; — ouvert les manteaulx des grands portaulx de la dite église aux hommes de la dite confrairye. »

A la suite, on trouve dans le même compte :

« Item a Pierre Duval, peintre, demourant a Amyens, pour par lui avoir nettoyé les tableaulx de la dite confrairye, a esté payè . . . . XXVII sols, VI d.

N.º III.

Grande statue d'argent de la Vierge du Puy.

Dans l'inventaire des reliquaires, ornements, etc., dressé en 1656 (3), la grande statue d'argent et ses accessoires sont ainsi décrits :

(1) *Compte* rendu par Jehan d'Ardre. — Cahier de papier in-4º couvert en parchemin, 21 rôles. — *Archives du Département, Carton de la Confrérie.*

(2) *Compte* rendu par Fremin Pinguerel et Michel Laloyer pour 1543-1544 ; cahier en papier de 32 rôles. — *Archives du Département.*

(3) *Inventaire* fait par Jehan Patte, Nicolas Blasset, Honoré Quignon, Antoine Mouret, anciens maîtres — 14 rôles. — *Arch. du Dépt. Carton de la Confrérie.*

«Premièrement, la grande image de Nostre Dame du Puy, d'argent, doré en quelques endroits, avec des pierreries, le puy, sceau et couronne d'argent, tenant son petit Jésus, au col duquel est un collier d'or émaillé, et en la main une pomme d'argent doré, et au dessus de sa teste un diadesme d'argent doré, le tout pesant 34 marcs d'argent ;

Item, une petite chaisnette d'argent à l'entour du col de la Vierge, à laquelle est attaché un petit rond d'argent doré, où, d'un costé, sont les images des trois rois, et, de l'autre, un crucifix avec son grand *agnus dei* d'argent, auquel est à l'un des costés l'image de saint Martin avec une croisette d'argent, où il y a cinq rubis esmaillez avec un corail enchassé en argent, le tout pesant ensemble neuf onces.

Item, le pied d'estail, sur lequel repose la dite grande image, à pied de lions de cuivre, auquel sont au costé du dit pied les noms, surnoms et armes de vingt huit maistres et confrères de la confrérie, sur des plaques et lames d'argent, le dit pied pesant tant en argent, cuivre que fer, trente six livres et demie. »

Pagès (t. 2, p. 156), nous fait connaître les noms et les armoiries des maîtres, qui figuraient sur les lames d'argent du piédestal. Laissons le parler. «Je vous ai dit aussi qu'il y avait une très belle statue d'argent que l'on pose sur l'autel de la confrérie les jours que l'on en célèbre la feste ; mais je ne vous ai pas dit les noms de ceux qui l'ont donnée. Le piédestal d'argent de cette statue est de figure hexagone. On voit sur les six faces 28 écus d'émail représentant en métaux et couleurs les armoiries de 28 confrères, qui ont donné cette belle statue d'argent, savoir six sur la face du devant, six sur celle de derrière, huit sur les deux côtés de la première, et huit sur les deux côtés de la seconde :

1° Écu de M⁰ Andrieu de Hénencourt, qui porte écartelé, au 1ᵉʳ et 4ᵉ de Hénencourt, qui est d'argent à 3 maillets de sable 2 et 1 ; au 2ᵉ et 3ᵉ de Beauvoir, qui est d'argent à deux bandes de gueules ; sur le tout de Mailly Conty, qui est d'or à trois maillets de gueules.

2° De M⁰ Pierre Dumas, licencié en droit, chanoine de Notre-Dame, de St Firmin, et secrétaire de Mgr; maître de cette confrairie en 1502. Il porte d'azur, au mas de navire d'or, accompagné de voiles pliées, d'une fasce ondée d'or, et de deux roses d'argent en pointe de l'écu.

3° Jean de Saisseval ; d'azur, à deux bars adossés d'argent.

4° Antoine de St Delis, seigneur d'Heucourt, de Havernas, de Bernapré, maître en 1517, qui porte de sinople, à l'aigle d'argent becqué et membré de gueules, tenant un perroquet d'or en ses serres, becqué et membré de même.

5° Antoine de Louvel, qui porte d'or, à trois têtes de louve de sable.

6° Antoine Picquet ; d'azur, à la bande de gueules chargée de trois vases d'or, accompagnée de six trèfles de même.

7° Estienne Levasseur ; d'argent, à trois oiseaux de sinople bécqués et membrés de gueule.

8ᵉ Robert de Cambrin ; d'argent, à trois chevrons de gueules.

9° Simon de Conty ; d'or, au lion de gueules rampant, chargé de trois chevrons de vair.

10° Jean Rohaut ; il a un chiffre de marchand.

11° Christophe de Lameth ; de gueules, à la bande d'argent, accompagnée de six croix recroisettées de même.

12° Pierre Cousin, prêtre chapelain ; d'or au chevron de

gueules, chargé de deux trèfles et d'une étoile de même, posée en chef, accompagné de trois cœurs de gueule, 2 et 1.

13° Sire Jean le Prévost; d'azur, à la bande d'or, accompagnée d'une étoile de même, posée au côté senestre du chef, et à la coquille d'argent, posée au côté dextre de la pointe de l'écu.

14° Mathieu de Sacquespée ; de sinople, à un aigle d'or chargé sur l'estomac d'une épée d'argent en bande, qu'il tient par la poignée avec le bec, la tirant du fourreau de sable, le tout d'or, la garde de même.

15° Robert Faverel, marchand, maître en 1473 ; d'argent au chevron d'azur, accompagné de trois mouches de sable, deux et une.

16° Jehan Bertin, grénetier d'Amiens, maître en 1480; qui porte d'argent, au chevron de gueules accompagné de trois étoiles de même, deux et une.

17° Jean du Gard, licencié ès lois, Élu pour le Roi ; d'azur, chargé de trois jars d'argent becqués et membrés de gueules, deux et un, à la bordure componée d'argent et de gueules.

18° Jean Dardre, maître en 1493, conseiller en la Cour du roi, et bailli de Picquigny ; d'azur, au chevron d'or, accompagné de deux glands aussi d'or, posés en chef, et d'un limaçon d'argent posé en pointe, aux cornes de gueules.

19° Jean de St Delis, seigneur d'Heucourt, d'Havernas et de Bernapré, maître en 1497 ; armes comme Antoine de St-Delis.

20° Robert de Fontaines, licencié ès lois, seigneur de Monstrelet, maître en 1498 ; d'or, à la fasce ondée de sable accompagnée d'une merlette de même, posée en cœur, et de trois étoiles de gueules, deux et une.

12.

21° Antoine de Coquerel, conseiller au siége du bailliage d'Amiens et bailli de Moreuil, maître en 1499; d'azur componé d'argent et de gueules, à trois coquelets d'or becqués et crestés de gueules, deux et un.

22° Robert Fouache, écuyer, seigneur de Glisy, maître en 1505; d'azur, au lion d'or armé et lampassé de même, accompagné de trois étoiles aussi d'or, deux et une; support: deux lions, le casque de côté, grillé; cimier : un lion dans un vol.

23° Michel Laloyer, marchand drapier chaussetier, maître en 1504, qui porte d'azur, à un chevron d'argent, accompagné de la lettre gothique cᴉ) posée en pointe, et de deux étoiles d'or mises en fasce dans le chef.

24° Antoine Dardre, conseiller en la Cour du Roi, maître en 1516, porte comme Jean Dardre.

25° Andrieu Desprez, prêtre et avocat, maître en 1519; d'azur, au chevron d'or accompagné d'un soleil et d'une lune, posés en chef, et d'une étoile, posée en pointe, le tout d'or.

26° Pierre Vilain (*armoiries non décrites*). (1)

27° Jean le Caron de Bouillencourt, receveur des aides, maître en 1501; d'argent, au chevron de gueules, accompagné d'un trèfle de sinople, posé en pointe.

28° Arnoul Jacquemin, prêtre chapelain, et curé de Cisterne, notaire en la cour d'Amiens; d'argent, à trois têtes de coq de sable, crestées et becquées de gueules, deux et une. »

— Dans les comptes de 1502-1503-1504, rendus par Jean Dardre, on trouve le curieux détail des recettes et des dépenses faites à l'occasion de la grande vierge d'argent.

(1) Il portait d'argent, à trois fasces de sable, accompagnées en chef de trois merlettes de même. (Blason communiqué par M. Goze).

— *État que fait et rend Jehan Dardre, prévost et l'un des maistres de la Confrérie Nostre Dame du Puy en Amiens, à MM. les maistres et confrères d'icelle Confrérie,*

De la recepte et mises par lui faites touchant l'image Nostre-Dame que lesdits maistres ont fait faire d'argent ès années qui commenchèrent au jour Nostre-Dame Chandeleur de l'an mil v^e *et deux, finant à pareil jour* v^e *et trois, et pour la seconde finant à pareil jour Nostre-Dame Chandeleur* v^e *et quatre.*

Et primes de l'argent ou deniers procédant de donacion faite par les dits maistres et autres personnes cy aprez nommées que le dit Dardre a receu :

— De Mgr Me Robert de Cambrin, escolatre d'Amyens, l'un des dits maistres, a esté receu la somme de . VI^{xx} l.

— De Mgr le Doïen d'Amiens, M^{er} m^e Adrien de Henencourt . . . . x l.

De M^{er} le grenetier sire Jehan Bertin . . . . XXII l.

— De M^{er} le Penitanchier, maistre Fremin Pinguerel XI l.

— De Jehan de Bery, s^r d'Essartiaux, IIII escus d'or à la roze alouez pour. . . . . VII l. VII s. III d.

— De Jehan Le Caron, recepveur . . . . . CX s.

— De D^{lle} Madelaine, vesve de feu Vinchent Lecat . XI l.

— De Mademoiselle de Henencourt deux escus d'or à la roze, valissans . . . . LXXIIII s.

— De Jehan Matissart XX testons qui vallent . . IX l.

— De M^{er} l'Esleu, maistre Jehan du Gard . . . XI l.

— De Jehan de Saisseval . . . . CX s.

— De M^{er} maistre Simon de Conty . . . . . XI l.

— De Mess^{re} Arnoul Jacquemin . . . . . . C s.

— Des exécuteurs de deffuncte mad^e de Disquenne . XI l.

— De M^{er} l'archidiacre d'Amyens Clérin . . . . C s.

12*

— De Jehan de Flandres . . . . c s.

— De Antoine de Coquerel . . . . c s.

Somme   ii c. lviii l. i s. iii d.

— Autre recepte faicte en vaisselle d'argent en nature des personnes cy aprez nommées.

Et primes, des exécuteurs de deffuncte madame de Disquenne, par don et légat par elle faict à ladite confrairie, une tasse d'argent pesant . . . . ii marcs.

—De d^{lle} Gilles de Boves, par don et légat co^e dessus, ung gobelet pesant . . . . vi onches.

— De Jacques Lengles ung gobelet pesant . iiii onches.

— De Estienne Levasseur ung gobelet pesant iiii onches.

— De la ve de feu Jehan Rohault ung gobelet pesant . . . . i marc.

— De M. Me Pierre Dumas ung gobelet pesant . i marc.

— Item une escalle donnée par deffunct Simon Pertrizel, convertie aud ymage, pesant. . . i marc v onches.

— De la ve de feu Jehan le Barbier ung gobelet pesant . . , ... vi onches.

— De la f^e Fremin le Parmentier ung gobelet pesant . . . . iiii onches demie.

Somme de la dite vaisselle   viii marcs v onches demie.

Laquelle vaisselle a esté bailliée et délivrée en nature à l'orfèvre qui a fait la dite ymage.

— Mises faites par ledit Jehan d'Ardre pour l'ymage.

Et primes pour l'achat fait aux manegliers saint Martin au Bourg de iii escuelles d'argent pesans ensemble iiii marcs iiii onches et demye à xi l. x s. le marcq montent à. . . . . lii l. ix s. iiii d. obol.

Item acheté de Anthoine Delabroie huit marcs et demy à cinq estrelins d'argent à xɪ l. vɪ s. le marcq, qui montent à . . . . ɪɪɪxx xvɪ l. ɪɪ s. vɪ d.

Pour l'achat fait à Peringne le Natière de ɪɪɪ gobelets d'argent pesans ensemble deux marcs ɪɪ onches au pris de xɪ l. x s. le marcq. . . . . xxv l. xvɪɪ s. vɪ d.

Item acheté à Nicolas des Hoteux ung pot à eaue d'argent pesant ɪɪ marcs demy, une onche, au pris de xɪ l. x s. le marcq, montent ce qui lui a esté payé la somme de. . . . . xxx l. ɪɪɪ s. ɪx d.

Item acheté de Jehan Matissart ɪɪɪ marcs d'argent en gros de millan, qui montent, paiement fait en monnoie du roy, à . . . . xxxɪɪɪɪ l. x s.

Payé au dit Nicolas des Hoteux pour xɪɪɪ onches et demye d'argent qui restoient à parfaire, au dit pris de xɪ l. x s. le marcq . . . . xɪx liv. vɪɪɪ s. ɪ d. ob.

Somme du dit argent acheté pour la fourniture du dit ymage xxɪɪ marcs v onches v esterlins à divers pris qui montent à . , ... ɪɪ c. ʟvɪɪɪ l. xɪ s. ɪɪ d.

— *Autres deniers payés pour ledit immage.*

Item presté à icelluy Nicolas des Hoteux et son frère pour le vin du marchié à l'ostel de Mˢʳ le Grenetier. . . xx s.

Item à Anthoine Cauwain pour avoir fait de bos l'image pour patron . . . . xʟvɪɪɪ s.

Item à luy pour le patron du piet . . . . x s.

Item paié audit Nicolas et son frère tant moins de la faichon du dit ymage, le xxɪɪᵉ jour de juing cinq cens et trois . . . . ɪx l.

Item, à Ricquer Hauroie pour avoir fait en peinture le patron du piet dud ymage . . . . ɪɪ s.

Item paié à Jacques Humbert pour ɪɪɪ douzaine et demye de pierres à lui achetées par Antoine de Coquerel et Estene Levasseur . . . . LXII s. VI d.

Item ausdits Nicolas et Regnaut son frère a esté payé la somme de XXIX l., sur la fachon et en tant moins dud ymage, comme par leur quictance dactée du XVe jour de février, l'an mil cinq cens et trois, appert, pour ce, ycy XXIX l.

Item payé ausdits orfèvres, le IIIe jour d'avril ensuivant, sur la dite faichon et dont ilz ont passé quictance devant Hector Deleporte et Nicolas de Saisseval. . XX l. II s. VI d.

Somme. . . . . . . LXVII l. V s.

Somme toute des dites mises en argent baillié par ce compteur 325 l. 17 s. 3 d. tournois, en quoy sont comprins 22 marcs 5 onches 5 estrelins par lui achetez et baillez en nature à l'orfèvre.

Et si a baillé encore au dit orfèvre VIII marcs 5 onches et demie de l'argent en nature donné par les maistres cy-dessus nommez, emploiez en la fachon dudit ymage.

Font ces deux parties d'argent en nature délivré audit orfèvre 31 marcs, 2 onches demie et 5 estrelins.

Fait, conclut et accepté par les parties, c'est assavoir par Jean de Saisseval, seigneur de Pissy, Jehan Le Caron, receveur des aides, M.e Pierre Vilain, juge de Beauvoisis, Jéhan le Prevost et Anthoine de Coquerel, maistres de ladite confrairie, et ad ce faire commis par les autres maistres d'une part et par Anthoine Dardre filz et héritier dudit feu Jehan Dardre d'autre part.

A Amiens, le premier jour de may l'an mil Ve et six.

VILAIN.   DE CESSEVAL (sic).

LE CARON.   LE PREVOST

A. DARDRE.

(Extrait du compte rendu par Me Pierre Vilain , maistre , en l'an mil cinq cens et trois , finissant en 1504.)

Au chapitre des mises appert.

Item a esté payé par led Me Pierre pour 4 marcs d'argent emploiés ou piet de l'image N.-D. . . . . . . xlv l.

Item a esté payé par ledit Me Pierre sur la dorure du piet de ladite ymage 14 salus d'or de . . . xxvi l. v s.

Item a ledit maistre Pierre Vilain donné ung marcq d'argent en vaiselle , qui a esté emploié à faire le piet dudit ymage , en nature, pour ce, ycy . . . . . . néant.

Item a esté paié par icellui maistre Pierre à Nicolas Deshoteux , orfèvre , sur le faichon dudit piet , quatre escus soleil, au pris de chacun escu, sont . . . . vii l. vi s.

Item a esté donné par Jehan Dardre deux salus d'or qui ont esté emploiez en ladite dorure d'icellui piet :

Oublié et par dessus les dits xiii salus , icy . . néant.

Item a esté paié par ledit Me Vilain à Nicolas Deshoteux tant pour luy que pour son frère , pour le restant tant de l'image que du piet de ladite ymage et du cuivre qu'il a livré. . . . . xxvii livres (1).

(1) En résumé , si l'on réunit à la somme de 325 livres 17 sous 3 deniers fournie à l'orfèvre par Jehan Dardre, celle de 105 livres 11 sous fournie par Vilain, plus la valeur de 8 marcs 5 onces et demie de vaisselle d'argent, livrée en nature par J. Dardre, c'est à dire une somme de 99 livres 18 sous 1 denier et demi, on obtient pour la dépense faite à l'occasion de la *Vierge d'argent* un total de 531 livres 6 sous 4 deniers et demi, représentant 2,906 fr. 30 c. de notre monnaie actuelle.

N.° IV.

Monitoire pour découvrir ceux qui ont dérobé ou lacéré les chants royaux ou les ballades exposés par les confrères du Puy dans la cathédrale (1).

Officialis Ambianensis presbiteris omnibus Ambianensis diocesis ac apparatoribus nostris salutem in domino. Querimoniam honorabilium virorum magistrorum, confratrum et consororum venerabilis et deodevote confraternie, sub titulo dive virginis seu Nostre Domine de Puteo, in insigni cathedrali ecclesià Ambianensi erecte et institute recepimus; continentem quod, à sexdecim annis citrà, nonnulli malevoli, iniquitatis filii seu filie, sue salutis immemores, ac deum pre oculis non habentes, quos ignorant, instigante diabolo satore zizanie, furtivè, sacrilegiosè et aliter

(1) Auprès des tableaux des maîtres, placés principalement contre les piliers de la cathédrale, se trouvaient de petits cadres de bois renfermant les chants royaux couronnés, qui servaient en quelque sorte de livrets pour l'explication des peintures. Ces compositions, écrites sur parchemin ou sur vélin, étaient surtout précieuses en ce que les grandes lettres initiales de chaque vers offraient des dessins variés. De 1528 à 1544, on s'était aperçu de la guerre faite par la malveillance aux petits cadres de la confrérie; plusieurs avaient été soustraits, et ceux qui étaient restés dans l'église avaient été souillés de taches d'encre, noircis avec du charbon, percés de coups d'épée ou de couteau, déchirés avec les mains ou avec les ongles. Sur la plainte des maîtres du Puy, l'official de l'église d'Amiens lança, le 25 août 1544, un monitoire par lequel il ordonnait aux auteurs de la soustraction ou des dommages causés aux petits tableaux, comme à tous ceux qui avaient connaissance de cette soustraction et de ces dommages, de se faire connaître, dans un délai de cinq jours, sous peine d'excommunication. — Quelques inexactitudes de détail s'étaient glissées dans notre mémoire sur la *Confrérie du Puy*, en ce qui concerne l'affaire du monitoire. L'explication qui précède servira de rectification au paragraphe de la p. 526 du t. XIII des *Mémoires de la Soc. des Antiq. de Pic.* — A. Breuil.

perperàm et nequiter, tedioque (ut presumendum est) affecti de honore tam benedicte tamque gloriose virginis impenso, plures cantus regales seu regios, vulgari et materno eloquio appellatos *chantz roiaulz* vel *ballades*, in pretacte intemerate Virginis Marie (post Deum) laudem, decus, et honorem, rhetoricâ arte et ornato loquendi modulo compilatos; in pergameno seu velino descriptos; et in parvis tabellis seu *tablettes* appositos sive affixos; in dictâ Ambianensi ecclesiâ et in illius pilaribus aliisve dicte ecclesie locis, propè magnos tabellos in quibus historie (de quibus hujusmodi regales cantus mentionem faciunt et loquuntur) depinguntur, appendentes sive appensos et tenentes, unà cum dictis parvis tabellis ligneis, in quibus exponebantur et erant, totaliter furati sunt, rapuerunt, in suas domos aut alibi detulerunt importaverunt que, detinuerunt et de illis ad sui commodi libertatem et voluntatem disposuerunt occultaverunt que, tacuerunt, tacent, occultant et recellant. Alios hujusmodi cantus regales, necnon primas cujuslibet linee litteras illuminatoriâ aut aliâ subtili et decoratâ arte confectas et conscriptas sive depictas, cum gladiis, cultellis, canibulis aut aliis ferreis instrumentis absciderunt; alios manibus suis et unguibus aut aliter laceraverunt, ruperunt et demoliti sunt in toto vel parte; attramento, carbone aliove nigro liquore, maculaverunt, fedaverunt et deturpaverunt, in suarum periculum animarum eternam que dampnationem, dampnumque et interesse predictorum conquerentium, nostrum (ad de premissis sibi occultis habendam revellationem) officium et presentes nostras litteras implorantium. Quibus justa petentibus, et ne delicta maneant impunita, annuentes, vobis et vestrum cuilibet mandamus quatenùs, in ecclesiis vestris in generali, moneatis ex parte nostrâ, sub penâ excomunicationis omnes hujusmodi cantuum regalium raptores, detentores, abcisores, ruptores, demolitores, in toto vel parte, laceratores, mutilatores et deturpatores, suosque in præmissis fautores, adjutores, consiliatores ac quovismodo culpabiles, scientesque et non revellantes, ut infrà quinque dies, monitionem ipsam immediatè sequentes, dictis conquerentibus occulta et ea quæ de præmissis eorumve circumstantiis et deppendentiis sciunt, revellent. Alioquin ipsos his inscriptis excomunicamus. Quos, si per alios quinque dies inde sequentes dictam excomunicationis sententiam in se sustinuerunt, etiam hæc per scripta aggravamus, ac cum eis scienter participantes, interdicto ecclesiastico, supponamus. Et si, per alios quinque dies immediatè sequentes, clavibus ecclesie pertinacìm spretis, dictam aggravationis sententiam, in se quando absit, sustinuerint, illos scilicet hec per scripta reaggravamus, eosdem excomunicatos, aggravatos, et cum illis scienter participantes, interdicto ecclesiastico, suppositos et reaggravatos, singulis diebus dominicis et festivis, candellis accensis et demùm ad terram projectis et, in signum maledictionis, pedibus conculcatis, campanis pulsantibus, etiàm per affixionem copiarum presentium, signo manuali notarii subsignati roboratarum, et cum presentibus debitè collationatarum, valvis dicte ecclesie ambianensis aut aliis in locis in quibus videbitur expediens, denuncietis; ab hujusmodi denunciatione non cessantes donec absolutionis beneficium, rubore confusi, obtinuerint. Et aliud à nobis receperitis in mandatis, opponentes, si qui sunt, citetis Ambianis, coràm nobis, ad competentem diem, contrà dictos conquerentes, suas oppositionum causas dicturos; et de modo vestre executionis vestramque residentiam nobis resciscatis. Datum sub sigillo

curie ambianensis et signetto nostro, anno Domini M° V°
XLIIII° die XXV ᴬ Augusti.

(Signé) L. Roche (1).

N.° V.

Distribution de Méreaux.

Dans les réglements il est fait mention des distributions
qui se faisaient aux maîtres et maîtresses, lorsqu'ils assis-
taient aux messes de la Confrérie. Ces distributions paraissent avoir consisté, au moins dans l'origine, en méreaux,
que les maîtres et les maîtresses donnaient au boulanger
de la Confrérie en échange de pains (2). Les méreaux
étaient rapportés au prévôt de la Confrérie, qui les payait
à raison de six deniers chacun. Les maîtresses recevaient
ordinairement des demi-plomets, valant trois deniers. On
en comptait deux pour un plomet.

(1) Dans les comptes de 1543-1544, rendus par Fremin Pinguerel et
Michel Laloyer, on lit l'article suivant :

« Item font icy lesdits prevotz compteurs mise de la somme de XXVII s.
IX d. tournois paiez a Loys Roche, notaire en la court spirituelle de ceste
ville et cité d'Amyens, d'une part, pour par luy avoir faict une monycion pour admonester ceulx et celles quy ont lacéré et deschiré les ballades des tableaulx de la dite confrairye, — avec certaines ataches pour
atacher en divers lieulx ; adfin que nul ne prétende cause de ignorance ; — avecq la somme de c solz paiez d'une autre part à Fussien
Palette, pour avoir, en diverses églises de ladite ville, prononché ladite monycion, pour ce icy... VI liv. VII s. IX d.

En marge est écrit : « Passé, veu lesdites lettres de monycion au dos
desquelles apert que elles ont esté prononcées à plusieurs églises de
ceste ville d'Amyens. »

(2) On mettait sur ces pains une marque particulière. Il résulte du
compte de 1544 qu'une somme de vingt-six sols, six deniers, a été
payée à Adrien Obry, orfèvre de la Confrérie, pour la confection de
deux moules de marbre *portant les impressions des pains tant des
maistres que des maistresses.*

Nous lisons dans le *Compte* de 1544 que, pour 1,118 méreaux, reçus depuis le 28 février 1543 jusqu'au 23 janvier 1544, Pierre Bétrémyeux, boulanger de la Confrérie, reconnaît avoir touché la somme de 27 livres et 19 sols tournois. Il reconnaît de plus avoir touché 17 sols pour 34 plomets.

Ces méreaux ou plomets étaient en étain fin, ainsi que nous le prouve l'article suivant, tiré du même compte :

« Item font ici lesditz prévotz compteurs, mise de xxvi s. vi d. paiez a Grégoire le Sellier, maneglier de l'église St.-Leu, pour cinq livres, trois carterons de fin estain, pour faire les plometz tant des chantres que pour le pain des hommes et femmes, maistres et maistresses. »

Nous avons publié, en 1837, dans l'ouvrage intitulé : *Monnaies inconnues des évêques des Innocents*, un de ces méreaux. On voit d'un côté la sainte Vierge portant son enfant et ayant auprès d'elle un puits ; de l'autre côté, sur lequel il y a une enseigne de marchand, où l'on distingue les lettres G et D, se lit la légende *Gille Damourette, maistre du Puis*. — Gille Damourette a été maître en 1510. C'est le seul méreau de cette espèce que nous ayons pu découvrir (1).

—Les comptes font voir qu'il y avait aussi des méreaux pour les chantres. L'article cité plus haut du compte de

---

(1) On a vu, à la date de 1503, la mention d'une médaille de plomb portant les armes de Pierre Vilain. Cette pièce, que possède M. Demarsy, était sans doute un méreau comme celle de Gilles Damourette. — M. Demarsy, dans une lettre du 6 février 1858, nous annonce qu'il possède aussi une pièce de plomb, sur laquelle on lit : MONETA EPI DE PVTEO — 1521. On y voit un rébus composé d'un chat, d'un rat, et, au-dessous, d'une corde ou *lac* à deux nœuds. Nous n'osons rien affirmer sur la destination de cette pièce.   A. BREUIL.

1544 lés mentionne ; un autre article du même compte est
ainsi conçu :

« Item a messire Jehan de Bray, messire Jehan de
Beaurepar, messire Nicole Careson et messire Valentin de
Quehen, prestres, chantres ordinaires de la dite Confrairye, pour par chacun de eulx avoir par chacun jœudi de
cest an, chanté chacun sa partie de musicque, à la messe
ordinaire de la dite Confrairye, a esté payé à chacun de
eulx, pour chacun des dits jours de jœudi, xii deniers. —
Icy pour la recepte des plommetz a eulx délivrés pour chacun desdits jours de jœudi . . . . x l. viii s.

— Item a maistre Wulfran Samyn, chantre extraordi-
naire à ladite Confrairye, pour par luy avoir, par chacun
desdits jours de jœudi, chanté sa partie de musicque, a
esté distribué xxxii plometz, pour la redicion desquels luy
a esté payé . . . . xxxii sols.

Le plomet des chantres, valant un sou, avait donc une
valeur double de celle du méreau ou plomet des maîtres.

On trouve dans l'ouvrage des *Monnaies inconnues, etc.*,
la figure d'un méreau de chantre. D'un côté, est un puits, et
autour la légende : *Pour les chantres du Puy ;* l'autre côté
a pour légende : *Sancta Maria, ora pro nobis.* Dans le champ,
se trouvent la date 1543 et une espèce de nœud ou lacs.
C'est un rébus, que l'on peut interpréter par *rude soulas ,*
plaisir laborieux , comme est celui des chantres (1).

(1) La distribution des méreaux aux maîtres et maîtresses, ainsi que
celle qui était faite aux chantres, avait cessé en 1571, car on lit dans le
compte de cette année qu'il « a esté payé et desboursé pour les distributions faictes aux dits maistres et maistresses, *au lieu du puin que
l'on soulloit fournir*, la somme de . . . . . . lxiiii l. ii s. iiii d.
Le même compte fait connaître que, pour la messe fondée par Pierre
Pièce et célébrée le 1er août, il a été payé aux maistres chascun xii deniers, aux maistresses vi deniers.

Le compte de 1571-1572 (1) nous apprend aussi que l'on donnait aux chantres le cuignet de Noël. « A esté payé aux chantres pour le cuignet de Noël . . XII sols (2).

N.º VI.

Distribution de pâtés à l'occasion de la fête de la Purification.

Il s'était introduit, probablement dans le cours du XVIIᵉ siècle, une cérémonie singulière chez les confrères du Puy. Le jour de la Purification, pendant la messe solennelle, une jeune fille, habillée en reine, représentait la Vierge (3). Elle était assise sur un théâtre, élevé dans la nef de la Cathédrale, et elle en descendait au moment de l'offrande pour se rendre à l'autel et y offrir deux tourterelles, imitant ainsi l'acte que la sainte Vierge avait accompli devant Siméon pour le rachat de son nouveau-né.

Il paraît, d'après le *compte* rendu par Guillaume Pihan, en 1682-1683 (4), qu'à cette époque on faisait une distribution de pâtés et même de biscuits et de macarons, à l'occasion de la cérémonie de la *Petite Vierge.*

En consultant la série des fondations de messes, résultant de l'état général, publié en 1731, on voit que, pour leur assistance aux messes, il était fait généralement aux maîtres une distribution d'un sou, quelquefois de deux sous. — A certaines messes, à certains saluts, on leur distribuait aussi des bougies.

(1) *Compte* rendu en 1571-1572 par Jean Laloyer ; cahier de papier, 33 rôles d'écriture, couverture en parchemin. *Arch. du Départ., carton de la Confrérie.*

(2) Le cuignet (en picard cogno) est, suivant Mʳ l'abbé Corblet, un petit pain rond qu'on fait à Noël. Dans quelques communes du Ponthieu, dit-il, celui qui donne le pain bénit offre un *cogno* au maître d'école.

(3) Voir *la Confrérie du Puy*, par M. A. Breuil ; *Mém. de la Soc. des Antiq. de Picardie*, t. XIII, p. 513.

(4) In-fᵒ papier, 8 feuilles ; *Arch. du Départ.— Carton de la Confrérie.*

Voici le détail du compte :

Payé au menuisier pour le théâtre . , .	XLV s.
Au tapissier	XL s.
Pour 14 pastés , compris celuy de la Petite Vierge	III l. xv s.
Pour les biscuits et les macarons . . .	L s.
Pour le pasté du m.^{tre} de musique et de six antiens chantres.	VI l.
Pour le pasté de six autres	XXXVI s.
Pour le pasté de l'organiste et souffleur .	XXVIII s.
Pour le pasté du sacristain.	VIII s.
Au guidon pour ouvrir la porte	X s.
Pour le carillon . . . , ...	XX s.
A Dubisson pour porter les pastés . . .	XX s.

N.º VII.

État général des fondations de la Confrérie de Notre-Dame du Puy d'Amiens (1).

(1731.)

Février.

1. Grand salut après vêpres à la chapelle du pilier rouge, fondé par M. Antoine Pièce.

2. Haute messe solennelle, jour de la fête, à onze heures; distribution de bougies.

(1) Cet état des fondations a été extrait par M. l'abbé Martin, notre collègue, d'un imprimé fort rare, ayant pour titre : *Indulgences octroyées, par N. S. père le pape Innocent, aux confrères, maistres et maistresses de la Confrérie de Notre-Dame du Puy, érigée en l'église cathédrale d'Amiens ; Amiens, chez Louis Godart, imprimeur du Roi et du Collège, rue du Beau-Puits, à la Bible d'or*, MDCCXXXI. — Le tout, c'est-à-dire les indulgences, et la liste des fondations, est renfermé en 31 pages, format in-12.

Le même jour, grand salut après vêpres, fondé par M. Augustin Louvencourt et damoiselle Barbe Gamin ; distribution de bougies.

3. Haute messe de *Requiem* pour les confrères trépassés, à dix heures.

12. Haute messe de saint Grégoire, à sept heures, fondée par M. Grégoire Sellier ; distribution d'un sol.

19. Haute messe de saint Joseph, à sept heures, fondée par maître Augustin Cordelois, chapelain de la cathédrale ; distribution de deux sols.

21. Haute messe de *Requiem*, à sept heures, fondée par M. Robert de Sachy ; distribution d'un sol.

24. Grand salut à quatre heures, fondé par messire Firmin Pingué, chanoine ; distribution de bougies.

25. Haute messe, jour de l'Annonciation, à sept heures, pour les confrères.

Grand salut jour de Pâques, à cinq heures ; distribution de bougies.

Haute messe de N. D. de Pitié, à sept heures, le vendredy devant le dimanche des Rameaux, fondée par Messire Pierre Faverin, chanoine ; distribution d'un sol.

12. Haute messe de *requiem*, à sept heures, fondée par M. Simon Pertrisel ; distribution d'un sol.

Haute messe de la Décollation de saint Jean, à sept heures, fondée par sire Jean de Collemont et mademoiselle Louise Pingré ; distribution d'un sol.

Haute messe de l'octave de saint Jean, à dix heures, fondée par Monsieur Jean Delattre ; distribution de bougies et d'un sol.

MAY.

1. Haute messe de saint Jacques et saint Philippe, à dix heures, fondée par Mademoiselle Marguerite Baron pour Monsieur Philippe du Tilloy; dist.ᵒⁿ de bougies et d'un sol.

2. Haute messe de saint Germain, à dix heures, fondée, par M. Germain Séjourné; distrib.ᵒⁿ de bougies et d'un sol.

3. Haute messe de *requiem*, à sept heures, fondée par M. Pierre Mouret; distribution d'un sol.

8. Haute messe de saint Michel, à dix heures, fondée par M. Michel Martin, notaire; distrib.ᵒⁿ de bougies et d'un sol.

9. Haute messe de saint Nicolas, à dix heures, fondée par M. Nicolas Blasset; distrib.ᵒⁿ de bougies et d'un sol.

16. Haute messe de saint Honoré, à dix heures, fondée par Monsieur François Mouret, pour Mademoiselle Honorée de Villers; distribution de bougies et d'un sol.

17. Haute messe de *requiem*, à dix heures, fondée par le dit sieur; distribution d'un sol.

19. Haute messe des Trépassés, à dix heures, fondée par Messire François Boistel, chanoine de la cathédrale; distribution d'un sol.

24. Haute messe de *quinque gaudiis*, à sept heures, fondée par messire de Hénencourt, doyen et chanoine de la cathédrale; distribution d'un sol.

JUIN.

2. Haute messe de la Vierge, à sept heures, fondée par Messire Simon de Conty, chanoine de la cathédrale; distribution d'un sol.

Haute messe le lendemain de la Trinité, à dix heures, fondée par Mademoiselle Marie Revellois, femme de Monsieur Jean de Sachy; distribution de bougies et d'un sol.

6. Haute messe de la Vierge, à sept heures, fondée par M. Robert de Bellegambe; distribution d'un sol.

13.

10. Haute messe des Trépassés, à dix heures, fondée par M. François de la Tour ; distribution d'un sol.

13. Haute messe de saint Antoine de Padoue, à dix heures, fondée par M. Antoine Mouret ; distribution de bougies et d'un sol.

14. Haute messe de *requiem*, à dix heures, fondée par M. Antoine Mouret; distribution d'un sol.

19. Les Vigiles après Vêpres, fondées par M. Raoul Guebuin ; distribution d'un sol.

20. Haute messe de *requiem*, à dix heures, fondée par M. Raoul Guebuin, distribution d'un sol.

24. Haute messe de saint Jean-Baptiste, à sept heures, fondée par M. Jean Laloyer ; distribution d'un sol.

30. Haute messe de saint Pierre, à dix heures, fondée par M. François Mouret pour messire Pierre de Villers ; distribution de bougies et d'un sol.

JUILLET.

2. Haute messe de la Visitation de la Vierge, à sept heures, fondée par messire Arnould Jacquemin, chanoine; distribution d'un sol.

Haute messe de la Dédicace, à sept heures, fondée par Messire Nicolas de la Cousture, évêque d'Hébron, et suffragant de Monseigneur l'évêque d'Amiens ; distrib.ᵒⁿ d'un sol.

22. Haute messe de la Madelaine, à sept heures, fondée par Messire Robert Coquerel, chanoine de la cathédrale ; distribution d'un sol.

25. Haute messe de saint Jacques, à sept heures, fondée par M. Jacques Destrée ; distribution d'un sol.

29. Haute messe de sainte Marthe, à sept heures, fondée par M. Louis du Fresne ; distribution d'un sol.

Aoust.

1. Haute messe de saint Pierre, à sept heures, fondée par M. Pierre Pièce; distribution d'un sol.

10. Haute messe de saint Laurent, à sept heures, fondée par M. Louis du Fresne; distribution d'un sol.

14, Haute messe la veille de l'Assomption de la Vierge, à sept heures, fondée par Mademoiselle Geneviève Cornet, veuve de M. François du Fresne; distribution de bougies et d'un sol.

15. Haute messe de l'Assomption, à sept heures, pour les confrères. — Le dit jour, grand salut après vêpres, fondé par M. Antoine Pingré; distribution de bougies.

16. Haute messe de saint Roch, à dix heures, fondée par M. Jean Hémart; distribution de bougies et d'un sol.

17. Haute messe de *requiem*, à dix heures, fondée par M. Jean Hémart; distribution d'un sol.

19. Haute messe de saint Louis cordelier, à dix heures, fondée par M. Louis de Villers; distribution d'un sol.

25. Haute messe de saint Louis, à dix heures, fondée par M. Louis Petit; distribution d'un sol.

Septembre.

8. Haute messe de la Nativité de la Vierge, à sept heures, pour les confrères.

17. Haute messe de *requiem*, à sept heures, fondée par Mademoiselle Marie Péredieu, veuve de M. Simon Pertrisel; distribution d'un sol.

21. Vigile à trois heures, fondée par maître Christophe Ringard; distribution d'un sol.

23. Commendaces et haute messe de *requiem*, fondées par maître Christophe Ringard, chapelain; distribution de deux sols.

27. Haute messe de saint Cosme et saint Damien, à sept heures, fondée par M. François Quignon ; distr.ᵒⁿ d'un sol.

Le dit jour, Vigiles, à trois heures, fondées par maître Gaspard Viseur, prêtre ; distribution d'un sol.

28. Commendaces et haute messe de *requiem*, à dix heures, fondée par maître Gaspard Viseur, prêtre; distribution de deux sols.

29. Haute messe de saint Michel, à sept heures, fondée par M. Michel Laloyer, le jeune ; distribution d'un sol.

Octobre.

1. Haute messe de *requiem*, à sept heures, fondée par M. Guillaume le Sellier ; distribution d'un sol.

4. Haute messe de saint François, à dix heures, fondée par M. François Mouret; distribution de bougies et d'un sol.

5. Haute messe de *requiem*, à dix heures, fondée par François Mouret ; distribution d'un sol.

Novembre.

2. Haute messe de *requiem*, à sept heures, pour tous les confrères trépassés.

21. Haute messe de la Présentation de la Vierge, à sept heures, fondée par Messire Pierre Dumas, chanoine ; distribution d'un sol.

25. Haute messe de sainte Catherine, à dix heures, fondée par Mademoiselle Madelaine Postel ; distribution de bougies et d'un sol.

25. Vigiles, à trois heures, fondées par M. Jean le Clercq ; distribution d'un sol.

26. Commendaces et haute messe de *requiem*, à dix heures, fondées par M. Jean le Clercq; distribution de deux sols.

29. Haute messe de *requiem*, à dix heures, fondée par Mademoiselle de la Tour ; distribution d'un sol.

DÉCEMBRE.

8. Haute messe de la Conception de la Vierge, à sept heures, pour les confrères.

Grand salut, à trois heures, fondé par Messire Pierre Sabatier, évêque d'Amiens ; distribution de bougies.

Le mercredi des quatre-temps, haute messe de la Vierge, à sept heures, fondée par M. Jean Brunel ; distr.en d'un sol.

12. Haute messe de *requiem*, à sept heures, fondée par Messire Charles Quignon, chanoine, pour Messire Jean Boullenger, chanoine ; distribution d'un sol.

24. Haute messe la veille de Noël, à sept heures, fondée par M. Antoine le Maire, prêtre et chapelain ; distribution d'un sol.

25. Haute messe de Noël, à sept heures, pour les confrères.

JANVIER.

1. Haute messe de la Circoncision, à sept heures, fondée par M. Jean du Fresne.

2. Haute messe du saint nom de Jésus, à dix heures, fondée par Mademoiselle Madelaine Postel, veuve de M. Jean de Sachy, distribution de bougies et d'un sol.

6. Haute messe des Rois, à dix heures, fondée par M. David Quignon ; distribution d'un sol.

8. Vigiles à trois heures, fondées par Mademoiselle Madelaine le Tellier, veuve de M. Jean le Clercq ; distribution d'un sol.

9. Commendaces et haute messe de *requiem*, à dix heures, fondées par Mademoiselle Madelaine le Tellier ; distribution de deux sols.

10. Haute messe de saint Guillaume, évêque, à sept heures, fondée par M. Guillaume Pihan, chapelain.

17. Haute messe de saint Antoine, à dix heures, fondée par M. Antoine Damiens, avocat au Parlement.

20. Haute messe des Trépassés, fondée par Messire François Boistel, chanoine, pour M. Jean François Boistel, son frère.

Le dernier lundi, haute messe du saint Esprit, à dix heures, fondée par M. Jean Boullet ; distribution de bougies et d'un sol.

— Haute messe de la Vierge, tous les jeudis de l'année, à sept heures.

— Suivent les fondations de messes à basse-voix, à l'auteldu pilier rouge.

La première fondation a été faite par M. Jean Bertin, grénetier ; elle a été réduite à vingt quatre messes par an.

La seconde, par Messire Jean de Cambrin, doyen de la cathédrale, a été réduite à vingt messes par an.

La troisième, par Messire Robert de Cambrin, chanoine, écolâtre de la cathédrale, a été réduite à 160 messes par an.

La quatrième, par M. Vincent Lecat, marchand, a été réduite à trente six messes par an.

La cinquième, par M. Louis du Fresne, marchand, a été réduite à seize messes par an.

TABLE DES MATIÈRES.

FIN DE LA TABLE.

Amiens. — Imp. Vᵉ HERMENT , place Périgord, 3.

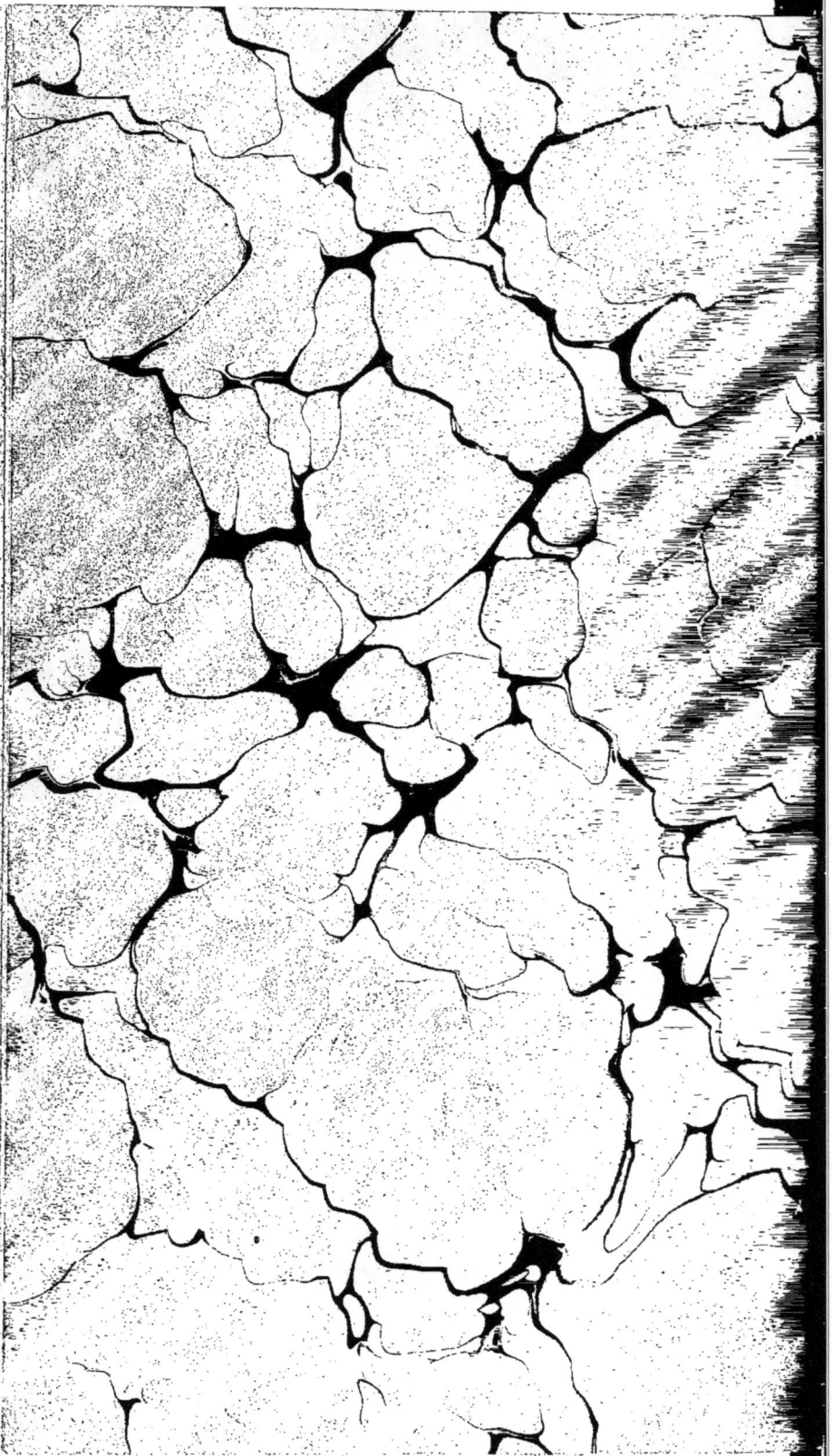

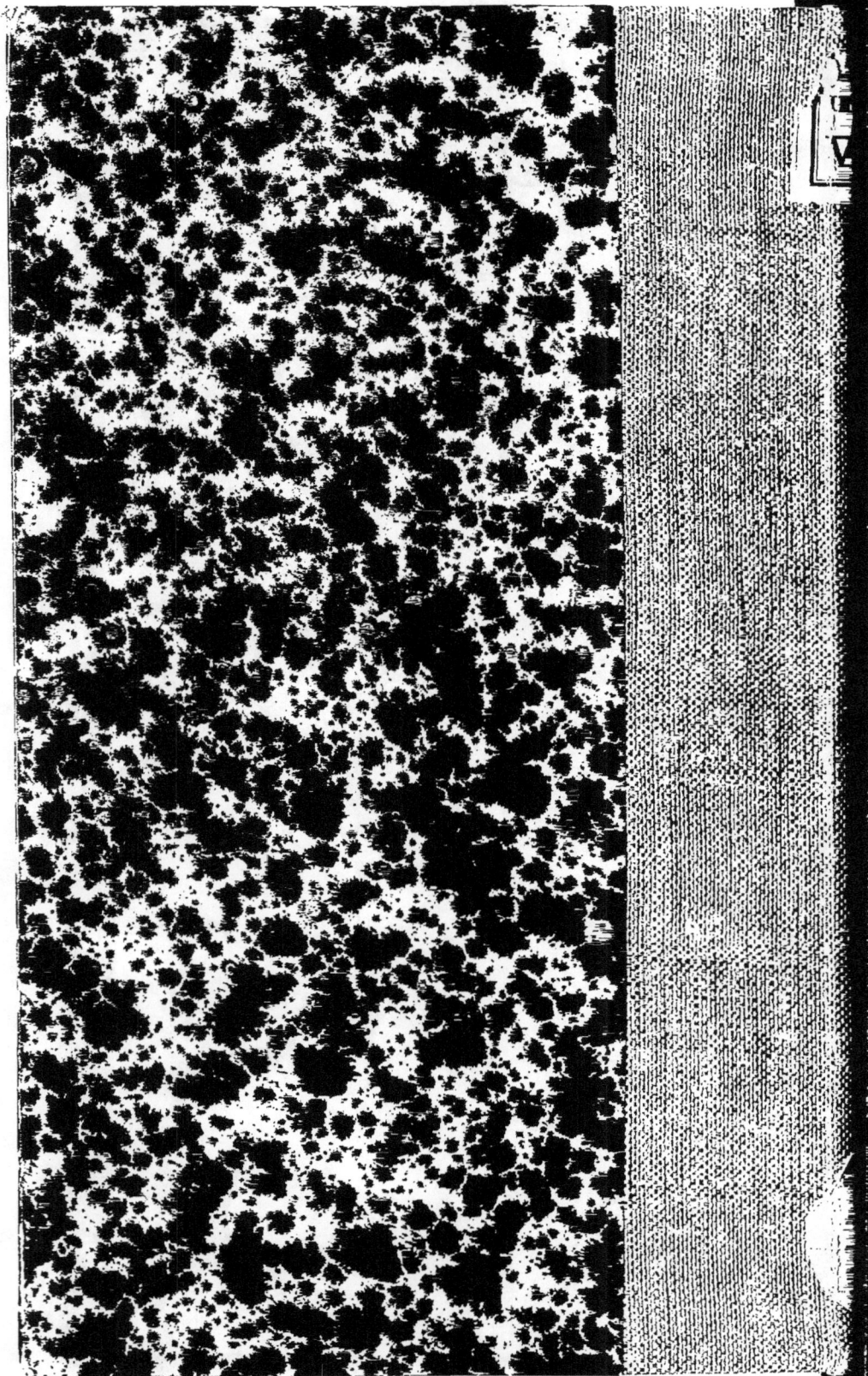